周代城邦

杜正勝・著

紀念

先師 剛伯先生

河東先生集卷第三

論

封建論

唐宗室傳贊曰唐興疏屬畢王至太宗時與[illegible]臣蕭瑀等喟然講封建事欲與三[illegible]而魏徵李百藥皆謂不[illegible]古獨議建諸侯當少其[illegible]縣雜治由是罷不復議[illegible]劉秩目武氏之禍則謂[illegible]可以久安大抵與曹陸相上下而杜佑柳宗元深探其本據古驗今而反復馬蘇內翰志林曰昔之論封建者曹元首陸機劉頌及唐太宗時魏徵李百藥顏師古其後劉秩杜佑柳宗元宗元之論出而諸子之論廢矣雖

再版序言

「周代城邦」有再版的日子，而且距離初版不及三年，是出乎意料之外的事。聯經編輯部徵詢我的意見，要不要修改？我終於只訂正一些誤植的文字與標點，改動幾個知識性的差錯，又以本來面目與讀者見面了。

沒有大量修改並不意味本書完美充足。「周代城邦」雖印行於民國六十八年，初稿却早在六十三年春就完成。這些年來教、讀中國上古史，寫作的文字超過本書三倍，大部分也集中在周代。譬如「西周封建的特質」（食貨月刊第九卷第五、六期）、「封建與宗法」上下篇（史語所集刊第五十本第三分）、「周秦城市的發展與特質」（史語所集刊第五十一本第四分），這些文章和「周代城邦」都可以互相補充發明。好像登山，南道北徑，遠觀近視，都是了解此山的法門，所見雖無不一，內容固有歧異，但都是同一座山，不能以此廢彼。這是我未加以大幅度更改的主要原因。然而本書自成理路，猶不失爲探索兩周歷史的一條幽徑，這也是我敢再度出版的緣故。

「周代城邦」發行後，承蒙前輩、友朋或私下或公開的指教，一般而言，名詞含意是比較爭論性的，他們認爲書中使用的名詞有些缺乏確切的義涵，最明顯的莫過於「城邦」、「共同體」。本來緣義命名，名詞的意指力求精當清晰，應是學術著作的基本要求，但歷史學並不盡然。歷史是人類業績的綜合，歷史作品是人類行爲的論述，人類行爲不易把握，刻意界定反而有難言之苦。歷史著作是否有必要使用行家懂而一般人不懂的術語，不無可疑。我們遲遲不能建立一套「歷史語言」，恐怕正是這緣故。我的看法，措辭不妨通俗，描述析論則力求詳贍深入，不須岌岌經營名詞的界說。「城邦」，意思如字，一個政治社會聚落外圍圍築著城牆，就是城邦，古書稱爲「國」，（「國」的本義也應當照這樣講）不必再下定義了。至於說中國古代的「城邦」會不會與兩河近東、希臘羅馬、中古中晚期北意大利和北日耳曼的 Polis 或 City-states 混淆，這要比較歷史來解決，恐怕不是定義所能徹底說明的。若問中國古代城邦的特點及其歷史條件，則全書俱在，可以按查。準此，「共同體」一詞，我的意思本指農莊或村莊。評者說「共同體」某家重社會關係，某家重經濟基礎；鄙見以爲：不論多小的聚落都有他們的社會結構與經濟關係，本書努力探討的也是這兩點。而且嘗試結合社會結構與經濟制度，發現其中的關連，於二者不分軒輊。可是名詞借用，節外生枝，引起不必要的含混，讀者不可以詞害意。

書名「城邦」，固有深意在焉；它和傳統習用的「封建」也不矛盾，藉上文比喻，一是南道，一是北徑，同樣可以登山。多了解一分中國古代城邦的特點，就多揭露一分中國封建的奧秘，反之亦然；上列拙文對這點可以確切地說明。城邦雖是新名，頗能形狀這個時代的特性，所以我們仍然樂於沿用「周代城邦」做爲書名。至於我所「廻避」的「封建」是西歐歷史經驗中的「封建」，不要與周代封建相混，我在其他文章已經一再表白過了。

附帶說明的，「城邦」二字先秦著作中找不到典據，如果要取一箇古名，「國家」反而最爲貼切。孟子說：「千乘之國，百乘之家。」先秦典籍凡言「家」多指卿大夫的采邑及其小朝廷而言，少有後世家體家庭的意味；而「國」則指諸侯封地的城。不論「國」或「家」都是獨立的政治體，用來描述春秋以前的政治社會形態，比外來譯語「城邦」更諧調得體。然而這樣的「國家」意義與我們日常的用法相差太遠，更易製造無端的混淆，因此，我們不得不割愛。「歷史語言」之難爲，這又是一箇絕好的例證。

孔子說：「殷因於夏禮，所損益，可知也；周因於殷禮，所損益，可知也；其後繼周者，雖百世可知也。」又說：「周監於二代，郁郁乎文哉！吾從周。」周代是我國古典文化結集成熟的時期，周文化是我國傳統文化的總泉源，我們只有明瞭周史才能明瞭中國文化的特質，這個園地宜有更多有志有識的朋友來耕耘，我寫作的這些文字不過是窺無垠穹蒼之一管而已。

七十年八月八日著者誌

自序

「周代城邦」是幾年前我對西周以下五百年，尤其是春秋時代我國社會性質的剖析，提出一隅之見。題名「城邦」時代，因爲特別看重當時國人參與政治的歷史經驗。斯後，平民與政之風成爲絕響，事隔二千餘年，因西風之衝擊，乃復續弦音，不能不說是中國歷史發展的一大缺憾。其實就當時各階級的人羣而論，還保存很濃厚的氏族習氣，名之爲「氏族遺習」時代或許更恰當。

本書討論的時代，史家通常說是「封建時代」。「封建」一語，古有典據，所謂「封建親戚，以蕃屏周」（鄭富辰語），我們本可直接採用；唯近來論史者，每每將周代「封建」與中古西歐「封建制」（英文作 feudalism ，法文作 féodalité，德文作 Lehnswesen 或

Feudalismus）混淆，而且馳騁傅會，以致迷失二者的本質差異。時風如此，本書不得不對「封建」二字有所廻避。說穿了，還是「鳩佔鵲巢」呢！

推究西歐「封建制」的本質，根本上它是一種特殊形式的社會關係，與前乎中古的羅馬帝國有別，與後乎中古的近代歐洲亦異。不論有無血緣關聯，某甲向某乙行臣屬禮(homage)，宣誓對某乙輸誠盡忠（fealty），某乙答應在某甲盡其責任的時期內也保衛他，於是兩人之間便建立封建的鎖帶，某乙成爲某甲的領主(lord)，某甲相對地成爲某乙的陪臣(vassal)。這種人際關係的形成是人爲的，基本骨架是社會性的。但由於當時西歐世界繼羅馬帝國衰亡之後，帝國中央政府已不存在，這些領主、陪臣都是大小不等的統治者，君臨其土，治其民人，於是人爲的社會關係反映到政治層面，成爲一種特殊形態的政治制度。又由於輸誠盡忠，陪臣從領主獲得租地（beneficium），有土、有民、有財，於是封建又成爲一種特殊形態的經濟剝削方式。這種經濟制度另有適當的名目，英文作 manor，法文作 seigneurie，中、日文通常名爲「莊園」。原來領主陪臣關係的建立只限於統治階級，後來農人承租耕地也要行臣屬禮，宣誓盡忠。，於是社會、政治和經濟三者運作起來，不可割裂，大家便以「封建」含攝「莊園」了。

「封建」之名雖一，中古西歐的封建制度不論政治、社會或經濟各層面，却皆因時、因地而異，不能一概而論。西歐大陸「封建」已經完成之時，英格蘭不必說未有晚期騎士的風采，連早期騎士的蠻橫也還見不到蹤影。十一世紀中葉以後，征服者威廉（William the

Conqueror）把拉丁式的城堡移殖到英格蘭的山頭時，法蘭西國王依然奈其諸侯陪臣不得，而威廉及其子孫已略具近代初期明君之專斷矣。當日耳曼王權經歷政教衝突，由盛而衰，紅鬍子腓特烈（Frederick Barbarossa）爲挽救神聖羅馬帝國之危亡而做困獸鬪時，法蘭西的斐利浦王（Philip Augustus）則剛剛爲穩固的王朝奠定一塊大基石，而同時英格蘭的約翰王（King John)却被貴族逼迫，簽署大憲章(MAGNA CARTA)，王權開始受到制衡。以上皆在所謂諸侯割據的封建時代，而同一國家王權的起落不常，同一時期各國王權的伸縮不一，不能籠統論斷。社會上，法蘭西領主與陪臣早已講究權利義務的對待倫理了，英格蘭的武士還念念不忘以BEOWULF史詩中的英雄豪傑爲典範。日耳曼西南方斯瓦比亞(Swabia)的農民普遍是農奴了，北方撒克遜尼（Saxony）的社會依然以傳統的自由農爲主。英格蘭大部分地區村民（Villeins）的社會地位已淪落成爲農奴，東英格利亞（East Anglia，在英格蘭東部）的村莊還保有某些傳統性的自由。論史實在困難，「封建制度」之名雖一，然而英不同於法，法有異乎德；同一國家之內又復有東西南北之差異。東歐不能比論西歐，西班牙和斯堪的那維亞半島也不能根據法蘭西來臆測。如果有所謂典型的「封建」，究其源起只有從梅羅林（Merovingian）王國的核心區，即盧瓦河（Loire）和萊茵河之間去尋找。

明乎此，乃知論史而好馳騁比傅是多事。先師　剛伯先生論史別具慧見，深知：

人的行爲大部分是對外界刺激所生的反應，環境不斷地變，人的行動也就隨時隨地底不同。況且人的擧動，除了個人造意之外，還要加上一些四度空間的社會經驗，因此對於同樣刺激所生的反應也往往是東異於西，今異於古。所以歷史上絕無重演的事件。寫歷史的人無法窮物之理，盡人之性，只能用我們極其貧乏的字彙來把那些小同大異的現象加以同樣的名稱。（「從百餘年來史學風氣的轉變談到臺灣大學史學系的教學方針」，臺大歷史學系學報第一期，下同）

人類歷史如此悠久，種姓如此複雜，文化如此繽紛，心思無限，語彙有窮，歷史上同名而異指者乃比比皆是，「封建制」不過是一箇明顯的例子而已。故史家的任務不在津津於「小同大異」、似是實非的比傅：

我們當比較其異同之點而分別加以研究，若硬要以今論古，或以彼概此，歪曲事實，強加傅會，則自然是差之毫釐，謬以千里了！

大凡歷史上驚天動地的大事件，或持續長久、流衍廣袤的制度必有其特殊的「因」與「緣」。因承於前代，緣應乎當時。因、緣配合纔產生事件或制度的特質，也纔是事件或制度的精義和眞象。譬如西歐「封建」，大體承「因」於日耳曼氏族社會晚期的隨從（comitatus）、羅馬帝國衰微時的主客保護關係（patrocinium-commendatio）和日耳曼人入侵時的土地授受（precarium-beneficium）；而八世紀西班牙回教徒的北伐，十世紀中葉以前匈牙利人的西掠，和稍早的北蠻的騷擾，是「封建制」各種不同的「緣」。法國大史家馬克伯樂的名著「封建社會」二卷（March Bloch, LA SOCIÉTÉ FÉODALE,英譯FEUDAL SOCIETY）首揭外族對西歐的侵陵，誠然卓識。不過這些因和緣亦只能觀其大略，同因不同緣所造成的「封建」固然異貌，即使同因同緣而時地不一，其封建制度也不一致。四年前我初草本書，當做論文，特別重視周人東進殖民對西周社會的深刻影響，至今尚不覺大謬。西周以前的社會因史料殘闕太甚，今日還不能有公允之見，唯單就摶造東西「封建」社會的「緣」而言，西歐遭受侵略，周人向外擴張，二者性質乖異，「封建親戚」是不宜比之於 feadualism 的。

西歐「封建」的關鍵在於騎士，據說與查理曼（Charlemagne）的祖父、鐵鎚查理（Charles Martel）在西元七三二年不瓦都（Poitou）一役擊敗西班牙回教徒有密切關係。原來法蘭克（Franks）軍隊的主力是步卒，而回教徒則組織了騎兵，「鐵鎚」雖然擊退回教徒，但走路趕不上馳馬，無法窮追敵寇，於是「鐵鎚」決定建立騎兵。然而又苦於二三百年來西歐因日耳曼南徙而趨殘破，經濟衰退，貨幣奇缺，「鐵鎚」養不起大型馬隊，乃授土於人以換取騎士服役（Military Services）。傳統說法認爲這是騎士制度的起源，「封建制」乃完成。西方史家對鐵鎚查理手創騎士的事蹟見仁見智，多所論辨；然而騎士大抵在八世紀中葉興起，它對傳統日耳曼社會確實是一大革命。騎士向領主行臣屬禮，建立領主＝陪臣的對待關係，繼日耳曼氏族社會末期「隨從」（Comitatus）與主人的非血緣結合進一步宣告氏族鎖帶（Clanship）的死亡。尤其馬鐙傳入西方後，騎者與坐騎結爲一體，可以盡情衝刺，殺傷力增强，而防身衣甲也不得不加厚。身爲騎士，應備有馬匹、盔甲、戰冑、利劍和長矛，所費不貲，非人人出得起，於是只有富者能夠騎馬上陣。今按早期日耳曼社會凡成年之氏族成員皆有當兵的權利和義務，兵是步卒。氏族戰士有事持一矛，披一盾上陣，平時則耕於壟畝。他們都是自由人，佔人口的主要部分，也是早期日耳曼社會的中堅，日耳曼社會的特色。今既因戰術的改變，新騎士取代舊步卒；又因騎士費用昂貴，使氏族成員之富者上升爲武士，貧者淪落爲純粹的農人。於是原來亦兵亦農的氏族自由人階級分化：有專事作戰而「食於人」者，謂之騎士；有勤於田畝專事「食人」者，謂之農奴。故知西歐「封建」起，而親親之義的氏族廢；後天臣屬的人際關係行，而先天血緣連鎖的氏族社會功能消。衡之我國西周的「封建親戚，以蕃屏周」，實在一南轅、一北轍也。

近人論國史每每出之以歐洲歷史的概念，故西周及春秋有「士」即武士，而比之於西歐的騎士。士之原義及其演義，本書第三章及末章頗有論述，讀者可以參看；在中國固無春秋以前「武士」和戰國以降「文士」的截然分畫。戰國之士本出於貴族之家臣或邑宰，允文允武。他們的才能包括後來儒家的六藝之教。通禮樂以相贊諸侯貴族，精射御以爭戰防衛，習書數以營理貴族之家或莊園。他們甚至熟嫻典故，知前賢往哲之行，歷代興亡之迹。反觀西歐「封建」貴族，從王公大人以至沒有采邑寄食於領主的陪臣（beneficium non habuerit）大抵皆粗魯無文，淺陋不學。史寇特（Walter Scott）筆下的騎士，上戰場則勇猛無後，待女士則溫柔體貼，入教堂則虔敬有禮，固具晚期騎士（Chivalry）的風采，比他們的前輩進步多矣。但他們不能讀，讀寫有僧侶教士；不能唱，歌詠有吟唱詩人。我們可以想像，八百年前森嚴的古堡，晦暗的廳堂，長桌上圍坐著一羣豪傑，以匕首切肉，快頤大嚼，長桌下擠著獵犬，吠吠然爭啃主人的餘唾，桌上桌下的氣氛諧和無間也。這時廳堂的一隅有人焉，狀頗猥瑣，輕撥豎琴，低吟查理曼手下大將羅蘭誓死抗敵的英雄史詩（CHANSON DE ROLAND），這就是西歐騎士的「文」。

不過日耳曼在十一世紀以後有一種階級，名曰 Ministeriales，文武兼備，頗近乎允文允武的中國「士」，細按其性質，亦不相類。此階級與「封建」社會各階級都不同，有土地，有榮銜，故形似陪臣，但缺少陪臣的個人自由。考此階級之興，首先似受僱於教會。中古教會具備出世、入世二元因素，既隸屬於羅馬教皇，又因從國王得到田土人民，主教乃成爲隸屬於國王領主的封建陪臣。陪臣必須履行封建義務，尤其重要的是派遣騎士應國王領主之徵召。可是教士文雅，不習戰技；按上帝意旨，戰爭殺人在所必禁，怎能「助紂爲虐」，讓教士親臨戰役？於是教會乃僱人應徵，以盡封建義務而保有其田土，僱的人便是Ministeriales。教會或寺院（abbey）的田產世世屬於該教會或寺院公有，連主教、方丈亦不得而私；他們爲保持田產的完整也不敢將土地租給自由的封建陪臣，生怕收不回來，而偌大的田莊便不得不起用 Ministeriales 來經營管理。這些人雖占有土地，但不是采邑，只收取勞役租佃（servile tenure）做酬報，很有孟子「分田制祿」之意。後來由於亨利四世（Henry IV）

時代戰亂的刺激，保存傳統兵農合一較多的地方再也抵擋不了受法蘭西影響地區——斯瓦比亞、阿沙斯（Alsace）和洛林（Lorraine）——的馬隊，教會與寺院不敢再用佃農爲兵，乃更倚重 Ministeriales 。同時自由人社會的大本營撒克遜尼變亂，爲亨利四世剿平，撒克遜自由人之強富者爲免於破產之厄，紛紛投身於 Ministeriales 的行列，形成新的社會中堅。亨利四世與教皇格列哥里七世（Gregory VII）的政教鬬爭帶來日耳曼長期內戰，諸侯勢長，這個新興階級也在內戰中日益茁壯。他們逐漸獲得自由，也將勞役租佃的土地轉爲采邑。據說紅鬍子腓特烈時代有一位極負盛名的 Ministeriales ，竟擁有十七座城堡和一千一百名騎士，成爲新的大「封建」貴族。所以我們也不能因爲騎士兼管家，就把 Ministeriales 傅會爲西周或春秋的「士」。

至於西歐「封建」社會下的采邑或莊園也不能和中國城邦時代的村落共同體比論。以英格蘭來說，農業生產的單位是村莊，不是莊園。村外開濶的田野（Open field），耕地或分爲二區，或分爲三區，輪番耕種，即所謂的二田制（two-field system）或三田制（three-field system）。單位耕地呈狹長形，稱之爲 strip 或 selion，農人的耕地便分散在各區而不相連屬，即使同區內有多塊耕地也不毗鄰。據說這是爲求得同村人的土地肥瘠均等，故有這種彆扭不便的田地制度，十一世紀中葉「封建化」以前早已行之，學者難測其源。上世紀的英國史家希蓬（Seebohm）認爲英格蘭農村共同體起源於羅馬時代的別業（Villa），歷經整箇盎格魯撒克遜時代農村都具有莊園性。最負盛名的法制史家梅特蘭（Maitland）不以爲然，他主張早期英格蘭農村的共同體性質很淡，主要是自由人耕種自有地。按，今日論史者一致認爲威廉入主英格蘭，把諾曼第的「封建制」疊架在原來的農村結構之上，除原來的撒克遜主人換了諾曼第新貴外，傳統的農村未曾有多大的改變。不過經過「封建化」後，自由村民（Villeins）的社會地位在外來統治者的剝削下，紛紛低落，終於與農奴並齒，原來的自有地也喪失了。故不論早期英格蘭農村是否具有共同體的性質，正如魏納格拉多夫（Vinogradoff）說的，「封建時代英格蘭農村的生活和工作大抵是自給自足的共同體，統攝於領主之下，但領地和村莊並沒有必然的關聯。」這就是說，莊園不等於農村。這觀念後來經過寇史敏斯基（Kosminsky）而有更清晰深入的發揮。寇氏研究十三世紀末英格蘭的土地清丈册（HUNDRED ROLLS），證實所謂典型莊園（整箇農村即莊園）爲數不多，據清丈册，還不及半數，某些郡縣甚至低於三成。清丈册記錄的是英格蘭莊園制最發達的中部地區，比例尚且如此低，其他莊園不盛行的地帶更不用說了。他同時發現每位農奴也不只有一位領主，有人在村莊開濶地耕耘不到三十英畝的田地却戴有十八位主人，即該村莊至少有十八箇領主。所以毗鄰的狹長耕地雖同村鄰人共同耕種，但所有權可能異主，也就是兩塊鄰地分屬不同的莊園。所以莊園不是生產單位，而是稅收勞役的單位。即使居則比鄰，耕則相望，因隸屬不同領主却受到差別的待遇，賦稅勞役皆不均等。故英格蘭的莊園制和西歐「封建制」一樣，根本與血緣氏族關係不相容，欲求如西周以下五百年基層社會的氏族連繫是藐不可得的。

本文不能細述西歐的「封建制」，以上所論只拈數則，聊備參考。論其與中國封建之大別，則西歐「封建」產生在羅馬帝國衰亡之後，中國城邦時代的封建是周人武裝殖民勢力伸張的結果。前者因「封建」而建立人爲關係，結束傳統氏族連鎖，後者卻努力維護民族社會的某些制度和精神。所以封建、莊園、武士、輪耕田制等等，大抵同名異指。歷史研究苦於辭窮，不能曲盡先民締造歷史、文化的精幽微妙，表彰其細膩情狀；但也因爲近來學人雅好援引歐人之說以治國史，惑於小同，略其大異，徒事於含糊之詞，不查其本質精義。混淆是非，莫此爲甚。世界各民族、各文化的歷史研究非不能比較並觀，但只有爲著更深入了解研究對象的特色，爲著更尊重各民族、各文化的特點和尊嚴，「比較」纔有意義。否則以此概彼，空洞傅會，雖欲求其會通，到頭來終不免流於扭曲事實，以符己意。歷史家如果捨異求同，不體認人類歷史文化原本千奇萬象；不了解人類的和平是各民族基於自己的特點，透過容忍異己，尊重對方而獲得；不領會人類前程的康莊大道是殊途而同歸，不是抑諸異以會於一同：是難爲歷史家矣。本書之作雖成於數年前，研究的態度大致與今日作者的觀念不違背，故讀者披覽之餘，最好不要先存西歐「封建制」的成見來勘比。本書襲用前賢的詞彙，久已約定俗成，內涵實不盡相同；恐怕徒增糾紛，不好另鑄新詞，讀者也千萬不要以辭害意。名可假借，義則各有所當，看人世，讀歷史皆該作如是觀，又豈止以本書爲然？

事有同名異指，也有同指而異名。前者上文已闡明，後者則本書之論城邦與柳宗元之論封建殆近之。本書認爲周人封建的本質是武裝殖民，這是一番艱苦而持久的奮鬪歷程，絕非帝辛鹿臺自焚之後，周人就能安安穩穩來劃分天下，「封建」諸侯。周人新爲天下共主之時，已有無數大小不一的方國或農莊共同體生息在中國土地上了。據說周武王第一次伐紂，諸侯不期而會於孟津者八百。諸侯能會於孟津，可見這八百國是不包含東方的邦國在內的。周初封建頂多封了七十餘國，兄弟之國五十幾，是血親諸侯，其他十來個國家不是姻親就是古代聖賢君主的沒落後裔。此外成千數百個同盟國或非同盟國，不在封建之數，依然過著相當獨立自主的生活。所謂「封建親戚，以蕃屛周」，不外是武裝殖民，鎭壓和羈縻傳統古國而已，這些古老的大小邦國和農莊共同體即是柳宗元所謂的里胥、縣大夫、諸侯和方伯連帥。封建論曰：

彼其初(生人之初)與萬物皆生，草木榛榛，鹿豕狉狉，人不能搏噬，而且無毛羽，莫克自奉、自衛。荀卿有言，「必將假物以為用」者也。夫假物者必爭，爭而不已，必就其能斷曲直者而聽命焉。其智而明者所伏必衆，告之以直而不改，必痛之而後畏，由是君長、刑政生焉。故近者聚而為群，群之分其爭必大；大而後，有兵、有德又有大者，衆群之長又就而聽命焉，以安其屬，於是有諸侯之列；則其爭又有大者焉，德又大者，諸侯之列又就而聽命焉，以安其封，於是有方伯、連帥之類；則其爭又有大者焉，德又大者，方伯、連帥之類又就而聽命焉，以安其人，然後天下會於一。是故有里胥而後有縣大夫，有縣大夫而後有諸侯，有諸侯而後有方伯、連帥，有方伯、連帥而後有天子。自天子至於里胥，其德在人者，死必求其嗣而奉之。

柳河東論中國古代政治結構之萌芽和演進，鞭辟入裏，獨步古今。國家之形成係由下而上，經過長期鬥爭來的。因大治小，但下者、小者對於上者、大者不過「聽命焉」而已矣，各層統治者仍然世襲，故曰：「死必求其嗣而奉之」。殷商以前的政治結構，緲遠幽微，史料難徵，但從商周銘文世族譜系及左傳、國語所記諸侯之歷史推斷，封建論大概是中國國家形成最精當、最扼要的解釋。基於這種明銳的觀念，河東論周人封建的本質乃能準繩古今，千載以下鮮有人能與他匹比。他說：

夫殷、周之不革（諸侯）者是不得已也。蓋以諸侯歸殷者三千焉，資以黜夏，湯不得而廢；歸周者八百焉，資以勝殷，武王不得而易。徇之以為安，仍之以為俗。

故知中國「封建」的本義就是徇仍舊俗。歷史演進的結果，大小不一的邦國獨立自主地存在，任何時代的新共主都不能不尊重他們的生存權利，封建論故曰：「更古聖王堯、舜、禹、湯、文、武而莫能去之，蓋非不欲去之也，勢不可也。」對於歷代廢立封建的爭議，他斬釘截鐵地論斷曰：

封建，非聖人意也，勢也。

應當是千古的定讞。所以周初「封建」是順應歷史時勢，承認同盟或非同盟的古國，新建立的親戚子弟只好說是武裝拓殖，這纔近於歷史眞象。

本書十萬字，闡述的大旨封建論千言約略可以盡之。近來偶然流覽河東先生集，重溫少時讀過的封建論，豁然貫通，有與古人同遊之感。河東天縱其才，宋人說他論封建，「雖聖人復起不能易也」（東坡志林），絕不過譽。然古人讀書皆有所爲，議論非無的而發，唐朝卿相名儒辯論封建郡縣，累代不絕。河東精義，上溯人類原始，比論三代幽微，推封建源出於勢，建議朝廷裁抑藩鎮，是研治歷史以爲世鑑；不若我輩千言萬語，頗少一議精當於時務。封建論寫作始末也足爲今之治純學術者誡。

本書含攝五百年，時間不可謂不長，我國的疆域太遼濶，古代氏族太複雜，史籍載記又太殘闕，想要「一以貫之」，揭擧歷史發展的精神實在難能，若欲求得大家首肯的通論簡直是奢望了。不過本書嘗試提出一種看法，以解釋西元前十世紀至六世紀中原及山東半島一帶，社會性質的特點及其轉變。當然這範圍內碰到很多自孟子以下都說不淸楚的問題，本書也都提出一已淺見，以供學者批評、參考。

本書原係論文，初稿在六二年秋末冬初之際，盡數日夜之力一氣呵成，翌年春間逐次修改訂正，夏末提出考試。原文請先師　剛伯先生和高曉梅(去尋)先生聯合指導。斯後，緒言交給幼獅月刊，正文在大陸雜誌分期發表。這次聯經出版公司有意付印，我藉此機會再細讀一次，覺得很多細節尚待深入考究。但舊作尚不無可取之處，值得進一步研究的課題不妨留待他日專文或專書探討。故這次的訂正除修殘補葺之外，大抵維持原來的意見和文氣，只有三點算是比較大的補正，也說了一些原文未有的意思。

第一、初論殖民與封疆，未及「徹」法，改本認爲「周人百畝而徹」的「徹」可能是對武裝殖民地區的一種稅法。詩經每每把「徹」和殖民並言，所謂「徹申伯土田」「徹申伯土疆」「以峙其粻」者。並且推測「徹」大概就是「啓以商政，疆以周索」的「周索」。

二、井田制度，原作語義晦澀，改本就左傳記載楚蔿掩的土地資源清查、鄭子產的都鄙田地改革政策，以及國語齊語的「伍鄙」法，會通併觀，探討井田制的精義在於整頓賦稅，編組農莊，不是「方里而井，井九百畝」。至於後儒根據稍知大略的孟子的意見，捨其精華，拾其糟粕，博辯井田制度之有無，本書是無暇批判的。

最後是秦縣與楚縣的困擾。學者論縣制之立大抵推始於秦或楚，就字面來看問題，文獻記載頗可以支持這種看法。但細究郡縣的根本精神，它應是文官制（bureaucracy）的基礎，先秦文官制發端於三晉，秦楚反而是比較遲晚的，如果說縣制始於秦、楚，實與後來的歷史發展不合。（歷史發展固能由前事推斷後來的演變，也可由後果逆測前因。）春秋時代關於秦縣的記載甚少，而且語焉不詳，不能細論，改本著重探討楚縣的性質。近來多爲謀生餬口而忙碌，不暇全盤檢討楚國的社會性質，只就手邊一些關於楚縣的資料，整理出一點看法，暫置小註備查，若精密的研究則留待他日。

附錄「尙書中的周公」雖牽涉周公稱王之辯，但本文旨在以尙書保存的資料研探周初建國的大事件，通其大體，說史明經。著者固雅願從另一途徑討論周公稱王的問題，然而賓主輕重是很明顯的。這是六十五年淸明的初稿，數度改易，發表在大陸雜誌第五十六卷第三、四合期（六十七年四月十五日）。

先師　剛伯先生在世時，讀書小有所得便去請先生正謬。今番補稿，先生已歸道山，請益無門。我固因私情而悲先生之殞落，亦爲淺見無人勘正而愈加惶惑也。先生已去，値逢舊稿集書付梓，用來紀念先生，聊表景仰之懷，並請學界的先進與朋友指教。是爲序。

丁巳冬至後三日　著者誌

目錄

第一章　緒論——兼評五十年來中國古史研究的兩大潮流

數十年來中國古代史研究的趨向大體可以判作二端：典籍整理與理論「編輯」。學術不能沒有傳承，多少必受前人的影響。整理典籍的學者繼承乾嘉之學，蔚然成風，歷久彌衰。即使古史辨派標榜懷疑，不以前人之成果爲足，其治學方法依然不出乾嘉的蹊徑。同時有些學者，不尚銖積黍累的工夫，喜歡解釋中國歷史的發展，牽引外說，證成己論，這就是轟動一時的社會史論戰。他們治學大抵先肯定理論，再尋覓史料塡補、「證明」，理論非出於踏實的研究，卻剽刼成說，編排修整，我故名之曰「編輯」。整理典籍者要求句句話有來歷，其蔽也支離；理論編輯想通識大體，卻病於疏陋。但說到走出象牙塔，抱負擔當歷史文化責任的胸懷，前者是遠不如後者的。因爲編輯理論的人還把政治、社會、經濟當做學問的課題，整理典籍便少作此想了。然支離之病固使學者與世隔絕，疏陋的理論卻混淆學界數十年的視聽，遺害不僅學術一端而已。

研究所謂中國歷史發展的理論,學者大多宗主馬克思的唯物史觀和他對東方歷史的解釋，即「亞細亞生產方式」說。早年援引馬克思一二理念，論證數千年中國史，試圖建立中國專制王朝論的，以德國的威特弗格（K. A. Wittfogel）最聞名。他說①，東方以農立國，農耕仰賴雨水，雨水不足則濟之以灌溉。但治水工程極其艱巨，非個人或地方小集團所能勝任，於是統一帝國就應運而生。所以掌握治水灌溉權就掌握權力，掌握權力就控制農民，控制得了農民王朝就鞏固。反之，王朝崩潰或衰亡，根本原因亦在水的問題上。他認爲這是中國社會的模式，「專制的」，不同於西方社會的「自由」；「停滯的」，不同於西方社會的「進展」。威氏將歷史發展盡力單純化，單純得套上簡單的邏輯推論模式，社會史論戰的學者很有類似的毛病。今日威氏之論只剩下學說史的價值，不值得置評，然將歷史單純化的

① 威氏論中國史之作不少，其中以「東方封建制」一書最爲士林所詳 *Oriental Despotism, A Comparative study of Total Power*, 1957 其他德文著作玆條例如下供熟習德文者參考。

Wirtschaft und Gesellschaft Chinas, Teil I. Leipzig, 1931

Die Problems des chinesischen Wirtschaftsgeschichte, 1927

Hegel uber China, 1931

以上所述參見增淵龍夫，中國古代の社會と國家（東大出版會，一九六〇）「序論」。

作風則猶餘波蕩漾，風氣未泯。

一九四九年以後，中國大陸史學界爲配合共產革命理論的需要，展開一連串中國歷史的研討。成果較大的有古代部分，討論古史分期，和前近代，討論資本主義萌芽。前者尤盛，一時如日中天。所謂古史分期即探討古代社會的性質，及其性質之轉變。大小作家數十，專書論文稱百②，蔚然大觀。但是他們爭來爭去只爭一個奴隸制和封建制，儘在馬克思的史論內兜圈子，眞是孫行者筋斗雲以下的東西了。其論中國古代社會性質之作雖汗牛充棟，大抵可歸納成三派。一主張西周肇始就是領主封建制③，相信古書傳述的井田制度，田有公田私田之分，稅則藉（助）之，人民除助耕公田外，還要納貢輸賦，提供徭役，即如孟子說的，粟米之征，布縷之征和力役之征。他們說，領主是氏族貴族，和秦漢以後的土地領主不同。但有人不以爲然，詩經明明說：「十千維耦」「千耦其耘」，幾萬人集體勞動，而且金文有一賞數千人的記載，人民與牛馬六畜同科，可以在市上交易④，不是奴隸是什麼？這派人是主

---

② 專書不計，論文收集成書的有歷史研究編的中國的奴隸制與封建制分期問題論文選集（一九五六），及中國古代史分期問題討論集（一九五七）。文史哲亦編一本中國古史分期問題論叢（一九五七）。三集蒐羅，尚非全璧。

③ 主張西周封建制的以范文瀾、徐中舒爲代表。

④ 郭沫若，「古代研究的自我批判」，十批判書，葉三六。范文瀾說見中國通史簡編，徐中舒說見「論西周是封建社會」（歷史研究，一九五七年第五期）

張奴隸制的⑤。奴隸制終止之時，即封建制的開始，說者亦不一：有的主張東漢，有的主張秦，有的說在春秋戰國之際，也有人認爲在西周末期。另外有第三派人提出西周是「古代東方型」奴隸制的理論⑥，他們强調村公社尚未瓦解，其存在正合乎馬克思所說的亞細亞土地所有制的特點：無私人財產，只有私人享有，財產是村公社以集體形式而存在的。村社農民不是奴隸，然徭役苛迫，稅貢繁重，雖不似希臘羅馬的奴隸，其實也等於奴隸了，故名「古代東方型」奴隸制。

論點儘管不同，治學趨向並無差異。他們一定要把中國歷史的發展納入馬克思的理論體系（馬氏史論來自他對西洋史的了解），而且非先有奴隸制再有封建制不可。他們的意見本論文直接間接都有所案評答覆，序言不一一批駁。問題是討論中國幅員這麼廣大的地區，當時各地民族的歧異性仍深，是否可以將歷史發展簡單概括；而討論社會的性質是否可以儘依一兩個角度去探索，雖然，他們選取的角度誠然重要。何況他們解釋史料的態度大多出以己

⑤ 西周奴隸制論者，以李亞農爲代表，奴隸制結束於西周末葉宣王時期（見氏著西周與東周）。郭沫若認爲奴隸制不僅止於殷商與西周，且延至春秋戰國之交。（見氏著奴隸制時代）。至於東漢或戰國仍然是奴隸社會之論，不但缺乏有力證據，史料解釋亦嫌不得當。

⑥ 古代東方型奴隸論者如楊向奎、王仲犖。二氏似未標此名，但皆強調村公社。楊向奎說見「試論先秦時代齊國的經濟制度」（文史哲，一九五四年十一、十二月）王仲犖說見「春秋戰國之際的村公社與休耕制度」（文史哲，一九五四年九月）。

意，頗乖史實。古代既然是奴隸社會，奴隸生命不值錢，奴隸主必定要壓迫奴隸的，按照他們的革命理論，奴隸也必定會起而抗爭的。可惜中國古代史記頗無人民暴動的史料，好容易從左傳找到築城的陳人殺貴族慶虎、慶寅的故事（襄二十三），如獲至寶，馬上推斷這是奴隸的集體暴動，被壓迫人民的起義抗暴⑦。何其不思之甚也！爲什麼不參照左傳其他築城的記載，判斷築者是否奴隸？爲什麼不講點訓詁考據，比證陳人是指那一階層的人？爲什麼不將史事分析一下，研判「暴動」的始末？今按，左傳記築城事甚多，文字皆極短簡，不易多作推測，唯宋國有二件事例，可供參照。有一次宋太宰爲平公築台，「妨於農功」，築者馬上編歌謠諷罵太宰（襄十七）。奴隸膽敢或可能公開諷罵執政？宣公二年又有一條史料：宋將華元在宋鄭戰爭中被俘，半路上逃了回來，爲巡植功，監督築城工事。築城者也編唱歌謠嘲弄他。歌云：

睅其目，皤其腹，弃甲而復；于思于思，弃甲復來。（宣二）我們可以戲譯作：

大眼睛，凸肚皮，盔甲不要啊！

逃回來！

---

⑦ 此段史料解釋成奴隸暴動，見之文章的作者，一時追憶不起，但奴隸制論者都可以做此推論。奴隸制論者也把國人當做奴隸。

絡腮鬍，絡腮鬍，拋棄盔甲嘖！
逃命！

華元於是令他的駕車者答和：

牛則有皮，犀兕尚多，弃甲則那？

意思是我們的牛和犀兕多著呢，拋棄一件犀皮盔甲並無甚大不了。但「役人」恥笑的不是什麼犀皮甲冑，

「從有其皮，丹漆若何？」

縱使還有獸皮，損失了的甲上丹漆呢？將士的榮譽到那裏去了？華元鬪不過築城者，只好對駕車僕夫說：「去之！夫其口衆我寡。」又逃之夭夭了。

如果築城者是奴隸，這種奴隸的命運大概不怎麼悲慘。其實築者是國人，左傳明白說：「陳人城」。左傳稱某「國人」的史料罄竹難書，如謂魯人、齊人、晉人、衞人等等皆指該「國」之人，他們的社會地位頗高，左右政局的力量幾可與國君或貴族抗衡。詳見本書論國人的章節。其實稍稍涉覽左傳，也決不致於將國人當作奴隸。國人殺貴族不足爲奇，但並不意味是被壓迫者不堪壓迫的起義行動。陳人殺二慶的史料六十三個字，記述事件原委極其晰。左傳原文曰：

「陳侯如楚，公子黃愬二慶於楚，楚人召之。使慶樂往，殺之。慶氏以陳叛。夏、

屈建從陳侯圍陳。陳人城，板隊而殺人；役人相命各殺其長，遂殺慶虎、慶寅。楚人納公子黃。」（襄二十三）

因爲陳是楚的附庸屬國，陳侯朝楚，有一位公子「愬二慶於楚（王）」，向領主控告二慶專權。楚王擺出大領主的身分，「召之」，二慶不敢往，派慶樂去，遭到處決，索性幹到底，「以陳叛」。這時陳侯還在楚，楚王派一位將軍護送陳侯，圍陳。戰爭了，所以「陳人城」。這是陳國人築城的來由。築城時，突然「板隊（墜）而殺人」，於是「役人相命各殺其長，遂殺慶虎、慶寅。」這是殺二慶的始末。要記得陳人築城時，他們的國君還在城外呢！也許陳人心向陳侯，不滿慶氏，故「板墜」而起鬨。無論如何決無法證成陳人殺二慶是奴隸的暴動。怎可因「役人」一詞而廣肆推論？國人還是要服勞役的，至今服勞役的並不一定是奴隸啊！平時講歷史發展的法則，大處着眼；必要時可以極端固執字詞，徒見樹木不見森林，豈不有點出爾反爾嗎？

「文革」前大陸的古史研究號稱理論與實證熔鑄一爐，與二〇年代社會史論戰的空疏大異其趣。學者也頗多精通小學，嫻熟典籍，有的還自成一家之言，故百十篇論著不乏佳作。但大抵仍以馬列理論爲主，史料爲輔，寧可削足以適履，不願易履而納足，要批駁是批駁不盡的，上文不過一個極普通的小例而已。有些人且束書不觀，望文生義，所以「苟衞國有難，工商未嘗不爲患」（定八），本指衞國工商階級與國君貴族患難與共的意思，有人卻說成工商階級乘國家有難時作亂，是合乎「革命」理論了，可惜不合乎史實呀！如果胸中橫梗成見，一定非把中國說成某樣的社會不可，學博徒然增强混珠的能力而已。所以小學成一家言的學者卻說出近乎荒謬的治學態度，還滿順理成章似的。他說：

> 嚴格依照馬克思的意見來說，只有家內奴隸的社會是不成其為奴隸制社會的。……如果太強調了村社，認為中國奴隸社會的生產者都是村社成員，那中國就會沒有奴隸社會。……這樣馬克思列寧主義關於人類社會發展階段的原理也就成問題了。⑧

說者千辛萬苦要維持的是「馬克思、列寧關於人類社會發展階段的原理」，不使稍受損益。怎樣的原理，說者未明言，在中國古史範圍內大概指的奴隸社會吧！他批評村社的研究，因爲太强調村社成員的生產，中國主要的農作勞動者便非奴隸了，這是不可以的。主要生產者不是奴隸，中國古代社會豈非不能成其爲奴隸社會了嗎（依馬克思爲奴隸社會下的定義）？這一來豈不是損害到「馬克思、列寧關於人類社會發展階段的原理」了嗎？千萬使不得——故中國古代非爲奴隸社會不可。

這般思想模式和邏輯辯證絕非特例，號稱要「以社會發展的普遍規律結合中國歷史的實

---

⑧ 郭沫若，「關於中國古代史研究中的兩個問題」收入文史論集。我間接引自楊寬，古史新探（一九六四），葉五五。

際，作具體的分析，才能得到正確的認識」的學者，他的「結合研究」還存個大前提——「必須在馬克思列寧主義、毛澤東思想的指導下」⑨。有自由思想權利，敢於獨立判斷的人不迷信教條，也不迷信排斥教條。如果教條經得起客觀的實證，那是社會發展的規律了；然而既經得起考驗，有了皇帝，何必又來太上皇呢？

　中國古代社會研究，日本也是一方重鎮，他們發現中國王朝政治二千餘年未絕，認定這是大問題，故多從政治、社會的角度觀察古史，企圖探尋王朝形成的原因，與大陸之側重經濟社會者大異其趣⑩。戰後二十多年學者輩出，然大抵都環繞城邦與氏族二元研究，推斷城邑是西周至春秋社會的基本單位⑪。城內即「國」，國的分邑謂之「都」，國外是「鄙」。論國則注意國人的政治活動，論鄙則强調兵制改革所造成的變質過程⑫。地和人密切連繫，故說古代國家必兼及宗法。學者或舉氏族血緣與城邑並觀，卻忽視古代社會中堅的國人階層，誤將典籍的「魯人」「衞人」等當做周的貴族；或明白國人的性質，卻忽視野人在古代社會

⑨ 楊寬，前引書，葉六六。

⑩ 參見西嶋定生，中國古代帝國の形成と構造（東大出版社，一九六〇、一九七一）「序章：中國古代社會の構造的特質に關する問題點」。

⑪ 參見松本光雄，「中國古代の邑と民・人との關係」（山梨大學學藝部研究報告第三號），「中國古代社會に於ける分邑と宗と賦について」（同上，第四號）。

⑫ 參見增淵龍夫，「春秋戰國時代の社會と國家」（岩波講座世界史　古代四）。

的身分地位，故論鄙和都邑的轉變過程便無或稍異⑬。也有人說古代社會是都市國家，相信古代的國人有市民權。由這基點嘗試比附希臘羅馬，作泛古代史的研究⑭。日本學者研究的特色是能將城邑與氏族宗法並觀⑮，但他們忽略農莊及土地經濟的形態，論身分地位便嫌含混，於是所說的城邑在古代社會中便有點空中樓閣了。

歷史學是建立在文獻資料上的一門學問，由於這種先天的限制，說史而屏棄考據、侈談理論，難免有圓夢之譏。理論與考據並非必然相斥，善於運用反能收相輔相成之功。所謂考據不精，理論不密。但固守考據陣營，每每流於繁瑣雜碎。考據派學者設想待文字考訂完備才論歷史，說或不無道理，其實這是一條窄徑，很難走出康莊大道的。事實證明，文字考訂清楚之日難期；而路徑之窄尚不止於此。

考據學研究取向（approach）最大的弊端是：只研究史料，不研究歷史。原則上學者都承認考據只是手段，非終極之務，但考據方法論限制了選題，也就限制了研究的課題與對象。有人考證管子書，逐篇按章，不可謂不細。因為基於戰國以前私人無著作的成見，使盡方法，

⑬ 松本光雄不明國人性質，增淵龍夫則忽略鄙野和都邑轉變過程之差異。

⑭ 主張古代國人有市民權者，以宮崎市定和貝塚茂樹為代表。宮崎著有「中國上代は封建制か都市國家か」（史林第三三卷第二號），貝塚說見「中國古代都市における民會」，收入東方學論集第二，余未見，其說間引自增淵前引文，貝塚著的孔子（岩波新書）亦有類似之見，然無堅明論證。

⑮ 中國的侯外盧也知將城邑和宗法並觀。參見侯著中國古代社會史論（一九五五）。

一定要證明書成于戰國中葉至西漢武昭之間。於是管子「輕重」的鹽鐵議、平準說皆是武帝計臣的主張，所述社會經濟狀況也絕類武昭之世，連術語文字都與武帝財臣用的相同。所以「輕重」是漢人僞作，尤其與鹽鐵論有關；其他各篇不是作於漢初，就是戰國中期或晚期⑯。後來有人辨證管子遺著，對此說多所抨擊⑰。我們只問，管子「輕重」與鹽鐵論既然頗多雷同相似，何以必說前者抄後者而不說後者襲前者？如果說財經政策及社會經濟情況皆與漢初情狀吻合，我們又問，何以知道不與春秋的齊國的情狀相符？古代齊國史未精密研究之前不能輕易下斷語。但這種爭辯是多餘的。既然以歷史狀況考訂文獻，最可靠的方法是先把歷史研究清楚。齊地是萊人的地盤，太公治齊，「因其俗，簡其禮」（齊太公世家），大概歷西周之世齊國還屬萊的文化圈。入春秋，齊勢不強，釐公時北戎來伐，求救於鄭。釐公子襄公淫亂，葵丘戍卒兵變，被殺。羣公子爭立，小白因國、高二氏內應，乃得入齊，是爲桓公。這樣的國家能攘掃氣勢凶悍的戎狄，能抗北侵的楚，糾合諸侯，稱五霸之首，若說管仲沒有一番大改革是不可能的⑱。管仲居天下盟主之宰，日理萬機，可能無暇著述，也許管子書是齊國的舊檔案和齊人流傳的管仲美政彙編成的。傳說代有增刪，學者要務在分辨增刪的分寸，

---

⑯ 說見羅根澤「管子探源」，收入氏著諸子考索（一九五八）。又戰國前無私家著作亦羅氏之論，說見古史辨第四冊上編。

⑰ 參見關鋒、林聿時合著「管子遺著考」，收入春秋哲學史論集（一九六三）。

⑱ 參見本書第二章「周代的武裝殖民與邦國」。亦見沈剛伯先生「齊國建立的時期及其特殊的文化」（中華文化復興月刊第七卷第九期）

至於是稷下士記述的或漢初開獻書令時齊人滙集的⑲，都不干大旨。古代知識累積不富，傳播也不廣，述史論時，陳策抒議，一篇一章都不是簡易的事；而且古人不玩文字遊戲，不像今人可以閉門著書，動輒數十萬言。如果說某篇作於漢初，某篇成於戰國末，總要有個來由；但考據學者費盡力量，考出書的著成年代，卻答不出書與歷史條件關連的問題。他們非不證以歷史，但往往割裂歷史，證成假設，一味尋辭摘句，不能通識大體。到頭來不免買櫝還珠，喧賓奪主。

考據方法本身也有缺陷。考據學者的要務是考訂典籍的眞僞，然大多數的典籍固無所謂眞僞，放在適當的時代即眞，放錯了即僞。訂眞僞也就是考年代，最常見的方法是根據篇章的某些字辭斷年。如「帝」字，三王不稱帝，西元前二二八年齊湣王與秦昭襄王互稱東、西帝，是中國史上稱帝之始，學者便將「帝」當作斷代的指標。學者大抵認爲春秋末葉以前，「帝」指天帝，不作人王解。然卜辭有「帝乙」之稱，周器愙鼎有「用享于氒(厥)帝考」（小校三・三）愙齋集古錄收一卣，卣銘有「▼己」與「且丁、父癸」並列，吳大澂釋曰「帝己」，或近之。（愙齋十八・十七）故「帝」字稱人王恐怕很難用作斷代先秦典籍年代的一項有力依據。何況典籍歷經轉述傳抄，有意（如翻譯、註解）無意（如疏忽）依後世習慣，人王加上

---

⑲ 郭沫若說管子一部分是齊國的舊檔案，一部分是漢時開獻書令時由齊地匯獻而來的。見氏著青銅時代。又有說成於稷下士者，以情理測之，尚不大乖。

帝號，譬如把「堯」讀作「帝堯」也很可能。這是以字辭斷定年代的缺漏。古書述作的問題尚不止此，古人著書，王官之學固然是「述而不作」，即使百家語也都「案往舊造說」，皆有所本的，或依典籍，或據口耳之傳。口耳傳述的知識歷代多少有些更動，這是從世界有名的史詩和近代採集的歌謠可以證明的；神話傳說的研究最足以顯示故事原義和後代的演義，二者又往往合於一篇，令人難以分辨。尚書「堯典」是一箇典型的例子。堯典內容叢雜，有歷史、有傳說、有神話。羲和氏平秩四方，測日觀星以正四時，地上萬物的四季表徵除民居之外便是鳥獸「孳尾」「希革」「毛毨」「氄毛」，無一及於植物，這段話恐怕要在農業開始之前。共工是神話人物，帝廷那些朱、虎、熊、羆及夔、龍也非從神話解釋不可，不然夔怎麼說：「於！予擊石拊石，百獸率舞。」故堯典的帝顯然是天帝。神話與歷史摻雜，此中有非常繁複的過程，舉字爲證，判斷典籍，當然難得鞭辟入裏。

思想潮流也是考據學者斷年的常用方法，危險性不減於字辭。思想固多受時代之制約（condition），如反戰、厭世、期望和平等等，以這類思想斷年非先將影響思想的時代環境研究清楚不可。如謂戰國亂世，會產生反戰、厭世思想固然不錯，但不能說凡有反戰、厭世思想之書必是戰國的作品，而不成於春秋，除非能證明春秋是太平和樂之世。事實上春秋並不和樂，爭戰頻仍，強陵弱，大國滅國無數⑳，長沮、桀溺、荷篠丈人、楚狂接輿及晨門者

⑳ 參見本書第五章「周代城邦之沒落及城邦時代之結束」。

皆不待戰國才有。所以從思想潮流判定老子書是戰國亂世之作，或老子書的思想始於戰國的論斷都值得重新檢討。

研究取向或方法本身皆顯示考據學最大的缺陷是，只考訂文獻，不研究歷史。學者非不想研究歷史，但方法的矛盾卻把這番心願逼進死胡同。民國以來，古史研究名家輩出，他們基本方法雖是考據，但另有一番史識與胸懷，可以濟方法之不足，末流所趨，只能餖飣補綴了。就史家看來，一切文獻都是史料，所謂「六經皆史」。歷史才是研究的課題或對象，史料沒有特別當成課題的必要。唯考據訓詁亦不可輕棄，我們選擇課題要從了解史料和熟悉史料中得到啓發，不是根據某大家的理論體系，從其體系結構抽繹幾點論題作引線，設假說，再尋覓史料、連綴引線、證成假說。我們認爲這種作法都犯削足適履之弊。今之學者喜歡以「科學」自衞，殊不知科學理論是建立在事實上的，理論不符事實，只好屏棄理論，決無輕視事實之理。歷史研究所謂考據訓詁是幫助了解事實的一方門徑，一種基礎工夫。然後進一步要能從繁瀚靡雜的史料中把握歷史發展的整體性和內在的貫通性，藉人類社會演變的某些法則，培養靈犀銳見，以研判史料，燭精鑑微。所謂靈犀銳見的培育通常要借助於博雜的學養，可以參證歷史發展或人類社會行爲的理論，但決不是將理論擺在面前，按圖索驥。故解釋史料暫時拋開大理論，能旁無依傍而求一貫會解；這樣得到的理論自然免去牽引成說，塡補史實的弊病。追根究底，我們認爲歷史理論建立在史料解析之上，史料未明，理論不立，切不可本末倒置。解析史料的方法爲避免考據學者的錯誤，要將同書的不同史料分開看，同時又將異書的相類史料合併看，求其「會通」。如周禮一書，今人已不會視作周公開國規模或周朝行政體系的載記，所謂「周禮僞書」這話已無甚意義；大家也承認周禮保存有古史資料。我們今後對待周禮的態度要在怎樣運用「會通」的方法，把史料點活，重建古代社會經濟史。這樣史學研究自然而然不沈埋於故紙堆，不至於尋章撦句，割碎分離，而所看到的歷史發展和建立的理論體系也才不是浮光幻影、空中樓閣。在古史研究上有兩門輔助學科關係歷史發展理論之建立至大：一是考古學，一是文化人類學。考古學濟傳統史料之不足，文化人類學可以提供我們先民行爲的特性，二者都是治古史的人不可缺漏的。

我認爲典籍整理和理論「編輯」兩大潮流討論中國古史的研究方法與成果皆有所不足，乃嘗試寫成「周代城邦」，探究西周以下五百年(約西元前十至六世紀)的中國社會經濟史，尤其側重春秋時代。國史上人民以平民身分參與政治，產生舉足輕重的力量，只有這個時代住在城裏的「國人」。他們不但構成當時社會的中堅，也是中國政治社會史的奇葩，故本書以「城邦」爲名，亦嚮慕二、三千年前政治權威之多元化也。

中國幅員廣大，民族複雜，先秦各地的歧異性仍然甚深。本書以中原及東方爲主要的討論對象，南方稍及之，燕北西秦皆不在範圍之內。先秦時期，秦國社會與東方迥然有別，終能統一六國，其社會政治及經濟必有特異於東方之處，須待專篇探討。

在本書的範疇內，當時中國社會結構的最大特質，依然保有濃厚的氏族遺制和遺習，政治、社會和經濟各方面皆可見。因爲氏族社會的遺制，國人聚里而居，軍隊編制與社會組織、血緣關係相配合，故能團結成一股大力量。野人在農莊共同體的「封疆」內營生，集體勞動，征賦與共，表現氏族的強烈連繫，雖然是被統治者，凝結一體，也非像奴隸可以予殺予奪的人。貴族保存氏族性更不待言，即所謂的「宗法」，但氏族貴族之延續非單純靠倫理性的「宗法」，主要因世官和世祿的緣故。世祿即采邑，貴族因循野人的氏族遺習，與領民凝結成「假氏族血緣聯繫」(pseudo-clanship，這詞是我造的，英譯名也是我杜撰的)，他們相互間沒有血緣關連，卻產生類似氏族血緣的作用。論城邦時代的社會性質，捨氏族社會遺習遺制不論，而侈談封建制、奴隸制或古代東方型奴隸制恐怕都不得要領。

國人隸屬於公侯，是「公」的；卿大夫的領民在采邑，是「私」的。春秋中葉以後，強宗大族爭公之民，國人改隸卿大夫，與野人並齒，這個階層便開始淪落。貴族相互鬬爭，「分室」「爭田」，大族愈盛，弱小貴族一一消失。到春秋戰國之際，或一宗獨有其國（齊），或數家瓜分（晉），傳統的「公」「私」人民的界限消除，人民是貴族領民，也即是國家「公」民[21]，城邦乃徹底崩潰。同時野人因參與兵役，法律身分提高，國人野人的身分差別泯除。於是中國基層社會的血緣性不再是國人居的里或野人住的邑，縮小到家或族的範圍內。氏族社會的習俗和遺制掃蕩幾淨時，人變成孤伶伶的個人。他「自由」了，個人的才能可得

㉑ 參見增淵龍夫，前引文。

盡力發揮，然而「自由」的個人因爲喪失社會基礎，也無助了㉒。二千多年的王朝政治，大體上士大夫成爲皇家的幕僚，善意建議改革；草野平民忍受苛政，忍無可忍，只有揭竿而起一條路。開明專制和革命流血交織成二千年的中國歷史，其種子在城邦崩解過程中已種下矣。

全書除緒論外分四章：先論國，次論野，再論貴族，大致都把社會組織、經濟形態、政治活動和身分地位會同並觀；最後闡述城邦的沒落。

城邦名雖封國，實質是秉承周民族武裝拓殖的傳統，故論國首揭「周民族的武裝殖民運動」，以明營國本旨。

西周春秋五百餘年，國人以平民身分干政，與貴族幾可分庭抗禮，故繼營國而論「古代社會的中堅——國與國人」。

武裝城堡仰賴農莊，故論「農莊社會結構與土地經濟形態」。

野人所居的農莊即是殖民者努力控制的封疆，故論「殖民與封疆」。

春秋以前尚無後世意義的農村，故論「氏族社會遺制的農莊聚落」，揭發農莊的氏族性。氏族舊習表現在生產勞動上便是集體勞動，與奴隸無關，故論「集體操作的土地勞動形態」。

㉒ 參見西嶋定生，「中國古代統一國家の特質——皇帝支配の出現——」（仁井田陞博士追悼論文集第一卷，「前近代アジアの法と社會」）。

古代被統治者有兩大階級，身分地位不同，故論「國人與野人身分地位之差異」。奴隸未構成階級，不論。

論「野人非農奴亦非奴隸」，專闢奴隸制與封建制之說。反駁者請通覽本文，不能僅就本節摘字句。

城邦時代的政治操在世家大族。大族的形成世官，更重於宗法，故論「世襲貴族」。

强宗大族政治力量的基礎在采邑，采邑世祿，造成獨立的都邑，與領民結爲一體，故論「采邑莊園」。

春秋霸政有二型，齊桓之霸在維繫城邦，晉文之霸則在破壞城邦，故論「春秋霸政與城邦國家的存亡」。

國人與政由於實力，不是因爲得到「封建」禮法正式的允許，這是國人干政不見於戰國以下的內在原因，乃作「國人與政的限度」。

歷史發展生生不息，新舊交替，城邦逐漸淪落，新社會日日形成，故取易卦以未濟終結之義作「新時代的來臨」。

學者說先秦歷史，喜以「封建」比附西洋中古的 Feudalism ㉓，證明井田也旁引羅馬

㉓ 參見 Creel, Herrlee G., *The Origins of Statecraft in China* (The Univ. of Chicago Press, 1970). Chap. XI Feudalism.

的 centuriae ㉔，對這些混淆的比附及馳遊的援引，本文一概排空廓清，避免亡羊之歎。史學先天既受史料制約，古代典籍殘闕，古人記事也不重數目，故以統計推論的方法本書亦不取。全書論旨學者間或提起，但我說自成理路，吉光片羽，誰人先陳，不甚計較。論文不是經典，行文不願字句追注，但學者苟有創見，必不敢掠美；評隲正訛在所難免，也取其代表性的著作而已。

㉔ 郭沫若比井田制於 centuriae ，井田制和當時中國平原上農莊的特殊社會結構息息相關，百畝之田是次義了。詳見葉七一—七五。關於 *Centuriae* 可參看 *Courtenary Edward* Stevens, *Agriculture and Rural Life in Later Roman Empire*, 收入 *The Cambridge Economic History of Europe* (1942, 1966), Vol. I.

第二章　周人的武裝殖民與邦國

殷商及以前是什麼社會，是怎樣的政治形態，論者固不乏其人：有的說是奴隸社會，有的則不以為然。奴隸社會論唯拾取一二成說，穿證幾條史料，構搭起歷史發展的理論架子，實不堪仔細析證。反對奴隸社會論者也只能消極地反駁，無法鉤繪當時整體的社會歷史形態，這當然由於史料殘闕所致。新近考古發掘尚不能對這節爭辯作任何決定性的論證，姑且存而不論，探討古代社會性質，暫時斷自殷周之際。我們認為西周以下五百年（約西元前十世紀至六世紀）的中國社會的特質是城邦，城裏的人（國人）以平民身分能參與政治，並且產生舉足輕重的力量，幾可與國君、貴族鼎立為三，他們不但成為當時社會的中堅，在中國政治社會發展史上也是一朵奇葩，國人階級解體後人民的政治力量就成為絕響了。周代城邦特質之形成和周人代殷以後東進殖民的關係頗深，故論城邦時代先說周人的武裝殖民運動。

一　周民族的武裝殖民運動

西元前十一世紀下半葉，周民族取代殷人爲天下共主，隨而周公東征，二度克殷，並鎮服商奄淮夷，便在全國要衝建立武裝殖民地①。所謂「封建親戚，以蕃屏周」（左僖二十四）就是指此而言。荀子曰：「立七十一國，姬姓五十三」（儒效），當時同姓諸侯也有說五十五的②，大概不出五、六十國左右，其他還有核心集團的母族同盟如姜姓者，和其他種姓的盟邦，數目當不少。周初營建的殖民據點是可以遍布當時中國的要津了。

姬周本西方民族③，公劉徙豳，文王作豐，周公營洛邑，今洛陽以西至涇渭一帶是周人的大本營。京畿附近雖有封邑，治下之民是周人或較早歸順的民族，並稱「西土之人」，武裝殖民的性質漸淡。周初殖民地帶主要在東方，其土本非周人所有，其民亦與周人不類，有

① 本文對周人建國的行為不襲「封建」舊名，說見本章及第三章「城邦時代的農莊社會結構與土地經濟形態」，武裝殖民之說錢穆先生的國史大綱已道之。周初分封不止一次，年代相隔不遠，今則一併來談。

② 史記卷十七「漢興以來諸侯王表」。左傳昭公二十八年成鱄曰：「其兄弟之國者十有五人，姬姓之國者四十人」，亦合五十五之數。

③ 參見錢穆，「周初地理考」（燕京學報第十期），及傅斯年「夷夏東西說」（慶祝蔡元培先生六十五歲論文集下冊，中央研究院史語所）。

武裝統治的必要。周民族及其同盟在被征服部族的領地上建立新政權，沒有武力做後盾也是支持不住的。姜齊太公牧野鷹揚，立下大功，封到東方的營丘，史書說太公東就國，「夜衣而行，黎明至國，萊侯來伐，與之爭營丘。」（齊太公世家）營丘邊萊，萊人夷種，新來的統治者佔有其土地，控制其人民，當然要反抗；太公在此情況下，建立據點頗具偷襲的性質，纔有「夜衣而行」的必要。周雖敗殷，勢力不及東土，故「爭」。戰國的儒家說：「太公封於營丘，比及五世，皆反葬於周。」（禮記檀弓上）可見新殖民地建立之不易，隨時作歸首丘的打算④；周人對付東方也不得不效仿他們的祖先公劉殖民於豳的精神了。

迺裹餱糧，于橐于囊，思輯用光；
弓矢斯張，干戈戚揚，爰方啓行。（大雅公劉）

孟子說公劉避狄徙豳，是一位以德服人的仁君（梁惠王下）⑤，其究竟今不能明，就詩經所頌，他是携弓箭，執干戈，裹乾糧來到豳原的。相土地之宜，因水利之便，徹理疆田，建立殖民城邦。周初「封建」所封三系，文之昭（管、蔡、郕、霍、魯、衛、毛、聃、郜、雍、

④ 參見沈剛伯先生，「齊國建立的時期及其特殊的文化」（中華文化復興月刊第七卷第九期）。

⑤ 史記說遷到岐下的是古公亶父，即太王，學者或以古公、太王別為二人，參顧頡剛，「周人的崛起及其克商」註五（文史雜誌第一卷第三期），理由並不充分，茲仍舊說。但不論公劉或古公，都具殖民精神。

曹、滕、畢、原、酆、郇），武之穆（邘、晉、應、韓），及周公之胤（凡、蔣、邢、茅、胙、祭）（左僖二十四）勢力集中在今山東河南一帶⑥，其殖民情形大概與其先祖公劉類似。而西周末葉詩所謂「仲山甫出祖，四牡業業，征夫捷捷。王命仲山甫：城彼東方。」（大雅烝民）即是很好的寫照。仲山甫已值周室中衰以後，殖民風氣猶存，周初建國的盛況頗可想見。同時宣王命南仲殖民方地，也是「出車彭彭，旂旐央央」（小雅出車）。韓侯之力足以「榦不庭方，以佐戎辟，」纔能殖民韓地（大雅韓奕）。宣王時代申伯封於謝，大概武力不勝，王乃命召穆公「以峙其粻」，「定申伯之宅。」謝是封給申伯的，但靠召伯之力而「定」，故詩人說：「申伯之功，召伯是營」（大雅崧高）。武裝拓殖通西周之世皆然，列國亦繼承此傳統，唯殖民母國是列國，不是周王室，這點分別而已。

殖民營國之要務是建立軍事據點，以統治土著民族，古書名之曰「城」。因爲四下統治的都是懷抱敵意的異民族，周人統治者屬少數民族⑦，不得不以堅固的城壘自保，以强悍的武力鎮壓。前引召穆公營謝，詩人描述軍旅集鎮之況，歌曰：

---

⑥ 二十六國的封地當今河南者十四、山東者七、山西二、陝西、河北、安徽各一，參陳槃春秋大事表列國爵姓及存滅表譔異（中央研究院史語所，一九六六）。李亞農認爲周初分封，他們爭奪的目標是黃土層地帶。（見氏著西周與東周第二章），然而我們認爲周人殖民，軍政要衝的因素考慮似不亞於經濟因素也。

⑦ 周人在太王定居岐下以前，長期竄於戎狄之間，過著「貴貨易土」的生涯，生產力不富，人口不多，大王墾殖（大雅緜）文王「即康功田功」，（尚書無逸），可見周集團規模仍小。

我任我輦，我車我牛。我行旣集，蓋云歸哉！

我徒我御，我師我旅。我行旣集，蓋云歸處！（小雅黍苗）

周人及其姻戚聯盟，建邦築城，鎮戍征服地區，亦見於周金銘文。中甗曰：

王令中先省南國，貫行，埶应才（在）□。史兒至以王令曰：「余令女小大邦，厥又舍女□量，至玗（于）女麃小多□，中省自方，復造□邦，在□𠂤餗，白買父□以厥人戍漢□州……⑧

銘文殘泐，頗難卒讀，大意尚可通曉。王派中巡省南國，築城殖民，並派兵鎮戍。班毀記毛公伐東國痛戎，趞令班「㠯（以）乃族從父（毛父）征，徣（出）𢧵（城）。」毛父東征三年，纔平定東國。康侯毀亦曰：「王來伐商邑，祉令康侯啚（鄙）于衛。」𢧵、啚皆征服築城之証。

⑧ 依白川靜訓讀。見金文通釋（白鶴美術館誌）第一四輯，葉七九一。亦參見郭沫若，兩周金文辭大系考釋。

春秋的晉國戎狄雜處，狄人與華夏的農耕文化不同，「貴貨易土」（左襄四），晉國乃逐步擴張疆土。驪姬說：「狄之廣莫，於晉爲都，晉之啓土，不亦宜乎。」（左莊二十八）封於晉的周人，世世墾土，向周圍戎狄的領土鯨吞蠶食⑨，他們認爲狄人廣大的土地是老天留待晉人去營城拓殖的（「都」），其方式亦不脫周人故技。獻公時，太子申生、公子重耳和夷吾已分別鎭戍曲沃、蒲和屈三大城；「羣公子皆鄙」（左莊二十八），旣鎭守邊鄙，又存闢土之心，想必也要築城的。二耦五勸獻公出居二公子的理由是：「蒲與屈，君之疆也，不可無主。……疆埸無主則啓戎心，戎心之生，民慢其政，國之患也。」（莊二十八）可見武裝殖民城邦的重要。而士蔿曰：「無戎而城，讎必保焉」（左僖五）亦「國之利器不可以假人」之意。西周初期向東殖民的戰兢情形當不遜於三百年後的晉。

營國作城，周人唯事監督管理，勞役則由當地的被統治者擔任，這也是武裝殖民的必然現象。申伯邑于謝，宣王親命「因是謝人，以作爾庸」（大雅崧高）；韓侯的韓城也是「燕師所完」（大雅韓奕）。被征服者服役築城似成爲傳統，春秋中晚葉魯國的隧正叔仲昭伯「欲善季氏而求媚於（費宰）南遺」，請南遺城費，願「多與而役」（左襄七）。命魯人城費，慷他人之慨。依習慣法，國人固無在采邑服役的義務，然國人應服勞役，由叔仲昭伯的話也可得到證明。

⑨ 晉人與戎狄之爭鬥參見蒙文通的周秦民族與思想（北京大學講義）。其書多有創意。

論者通常說的周人「封建」，本質上正是武裝殖民，而殖民的基礎則在氏族宗法。「小邦周」僻處西陲，他們對自己的歷史只知道「民之初生，自土沮（徂）漆」，古公亶父時猶過穴居的生活，「未有家室」；古公遷徙周原，「百堵皆興」，始有城邑（俱見大雅緜）。據說文王是百里小國之君（孟子公孫丑上），還「卑服，即康功田功」，與民並耕；一方面又要「懷保小民，惠鮮鰥寡」，以至「自朝至于日中吳（昃），不遑暇食。」（尚書無逸）。周人代殷前夕的政治機構尚停留在相當幼稚的階段，氏族共同體的遺習還很濃厚。他們一旦爲天下共主，本氏族共產之習，封了五六十位同宗，普天之下的王土也是周氏族成員的公產了。這是氏族政治過渡到國家的階段，理念與實質都保存共同體的特性，怎可因爲周的武力散布相當廣而論斷西周中央集權頗盛，已具帝國規模呢⑩？

氏族貴族依存在武裝殖民據點的「城」上，有城就有貴族⑪，有貴族就有周人的勢力。春秋時魯國的襄仲說：「不有君子，其能國乎？」（左文十二）是歷史事實。貴族與城邦的連

---

⑩ 顧理雅說。參 Herrle C G. Creel, The Origins of Statecraft in China, Vol. One, "The Western Chou Empire" (The Univ. of Chicago Press, 1970) 全書證其論，無甚新意。

⑪ 注意築城與宗法之關連的，中國有侯外廬，見氏著中國古代社會史論（一九五五）。日本學者不乏其人，早期有宮崎市定（見氏著「中國上代は封建制か都市國家か」史林，第三三卷第二號），及松本光雄（見氏著「中國古代社會に於ける百分邑と宗と賦について」山梨大學學藝部研究報告第四號），近則有增淵龍夫（見氏著「春秋戰國時代の社會と國家」岩波講座世界史　古代四）。

結多見於詩經，周南曰：「赳赳武夫，公侯干城」（兔罝），大雅曰：「大宗維翰」（板），「維周之翰」「戎有良翰」（崧高），「召公維翰」（江漢）。學者考釋，翰當榦（幹）之假，說文釋榦爲井垣，不的⑫，翰、榦當是殖民築城悍衛之意。殖民營國和氏族血緣合一，很可見得氏族社會的習氣，故周人每新拓殖就建廟立社。大雅述古公在周原拓殖之狀曰：

乃召司空，乃召司徒，俾立室家。
其繩則直，縮版以載，作廟翼翼。（緜）

氏族成員定居後，即刻版築城牆；城牆完固則營造莊嚴肅穆的宗廟。想周人東向殖民情狀，大致亦如此。所以春秋時期，列國有難，經常盟大夫或國人於大宮（左成十三、襄二十五、三十），出發爭戰前夕，「帥師者受命於廟，受脤於社」（左閔二），廟社大抵因統治階級與被統治階級而分，然其含氏族紐帶則一。

氏族習性橫亙西周以下五百多年未嘗衰歇，只當城邦國家沒落，基層的共同體也崩解時，這種特性纔消失。西周時代武裝殖民的城邦對宗周確實發生「四國于蕃，四方于宣（垣）」（崧高）的作用，故富辰曰：「封建親戚，以蕃屏周」，正得周人「親親以相及」（左僖二十四）的本旨，亦即戰國時人所謂「上世親親而愛私」（商君書開塞）之義。論者見及

⑫ 聞一多云小雅桑扈篇翰與屏並舉，大雅板篇翰與藩垣屏並舉，嵩高篇翰與蕃宣並舉，皆互文也。諸翰字毛傳皆訓爲榦，字或作幹，鄭箋皆釋爲楨幹，胥失立。翰當訓爲垣，城也。說見「詩經新義」（聞一多全集古典新義七四乙—七五乙，開明書店）。

武裝殖民依存於土地和生產結合的「邑」之中，固然中肯，而竟謂蕃王室的說法是戰國時造作出來的⑬，實非的論。

二　古代社會的中堅——國與國人

（一）國人參與政治的普遍性與傳統性

周民族武裝拓殖所營築的城通常有兩重城牆，內者曰城，外者曰郭⑭。郭內的區域稱曰「國」，古人所謂「三里之城，七里之郭」，環周七里的小面積就是古代的國了。也許這是原住民的古城，殖民統治者所築的城恐怕要大得多⑮。居住城郭之內者稱爲「國人」，以别

⑬見侯外廬，中國古代社會史論，葉一四四。

⑭宮崎市定論中國城郭有三式——城壁式，內城外郭式，及山城式。參見氏著「中國城郭の起源異說」收入氏著論文集「アジア研究」（京大東洋史研究會，一九五六）葉五〇——六五。

⑮抗戰時日人關野雄調查臨淄，邯鄲、滕城和薛城的遺跡。臨淄有內城外城，外城南北約四公里，東西約三公里。邯鄲主郭一四〇〇公尺，有東郭，據推測北郭原來的規模必甚大。學者研究河北的燕下都東西達八公里，南北六公里，薛城東西還有三・六公里，南北二・八公里之長，曲阜魯城的範圍亦近似薛。我故曰七里之郭大概指原住民的古城。論城郭參見關野雄著中國考古學研究（東大出版會，一九五六）第三篇，「都城と建築の調査」，西谷真治「都市國家の崩壞——春秋戰國の遺跡」（載於日本平凡社世界考古大系第六册）（位置有偏），張光直書亦可參考，Kwang-Chih Chang, The Archaeology of Ancient China, (Yale Univ Press, 1968). PP 280-311。其實早在商代，商人統治階級的城就不止環周七里了。商早期的偃師二里頭，通過發掘知道，這箇遺址南北一・五，東西二・五公里。（參見「河南偃師二里頭早商宮殿遺址發掘簡報」考古，一九七四年第四期）而商中期的鄭州城規模也很大，周長約七一〇〇米（參見「盤龍城一九七四年度田野考古紀要」文物一九七六年第二期的引述）。

於郊外的「鄙人」或「野人」。金文有「南國」「東國」（禹鼎），詩亦有「滔滔江漢，南國之紀」（小雅四月），皆就方位言，與東土、南土不異，非本文所指的國。至於戰國以下的「國」已發展成領土國家，在地圖上是面不是點了，亦與本文無涉。

周人東進殖民，以原住民爲社會基礎，魯有殷民六族，衛有七族，晉領懷姓九宗（左定四）。勝國遺民和周的平民構成國人階層，產生舉足輕重的政治力量⑯，左傳有之。魯的國人以殷遺爲主，春秋末年的傳記仍能見得。季孫家臣陽虎專政，「盟公及三桓於周社，盟國人於亳社，詛于五父之衢。」（左定六）魯公及三桓是周統治者，故在周社盟誓，而盟于亳社的國人自然是殷遺民。季友將生，他的父親桓公爲他占了一卦，說是「在公之右，間于兩社，爲公室輔」（左閔二），將殷遺民與周人相提並論，勝國殘餘的地位該不低。季孫也因得到殷遺民的支持，「隱民多取食，爲之徒者衆」（左昭二十五），魯昭公無民，出亡之後，終老死異域。衛封殷墟，立國成員固多殷人，衛懿公不得「國人受甲者」之助，爲狄所敗。「夜，（二守：石祁子與寧莊子）與國人出……宵濟，衛之遺民男女七百有三十人」。（左閔二）因爲周「治」天下依循原來的社會基礎，原住民雖亡國，還世守舊邑，非「戮餘」的奴隸，故能與周統治者共患難，如春秋末年衛大夫王孫賈說的：「苟衛國有難，工商未嘗

---

⑯ 松本光雄誤解國人爲統治階層，說見氏著「中國古代社會に於ける分邑と宗と賦について」及「中國古代の邑と民，人との關係」（山梨大學學藝部研究報告，第三號）。

不爲患」（左定八），工商就是殷遺民之後⑰。東方殷遺民是國人的主幹，他們的社會地位頗高，每每與周人相提並論；與周統治者的關係似頗融洽，未見有備受壓迫的痕迹。以往論殷周陵替之歷史的學者，多爲殷遺悲悼亡國的慘痛⑱，是大可不必的。

國人之爲社會中堅，當時的南方——今江漢流域亦不例外。因爲城邦的基礎建在國人之上，統治者若得不到國人支持，往往敗亡，楚沈尹戌故曰：「民弃其上，不亡何待！」（左昭二十三）楚靈王時貴族政變，「入楚」，靈王在乾谿，右尹子革勸他「請待于郊，以聽國人。」靈王無道，不得民心，自知「衆怒不可犯」，不敢入楚，縊于芊，自殺。後來發動政變的貴族子干、子皙也因懼國人之怒而自殺（左昭十三）。東方與南方的國人皆具頗大的威力，西方的國人不是周王的父兄甥舅之後，就是傳統原住的舊族，有官守（晉語四），其社會身分更不容壓迫，而與政的權力亦當不減於東方和南方。

國人與政是有傳統性的，傳說他們的政治地位介乎祭司、國王與貴族之間。國王有大疑，「謀及乃心，謀及卿士，謀及庶人，謀及卜筮。」（尚書洪範）西周銘文有國人干與政治的記載，**塱盨**曰：

⑰ 參見沈剛伯先生「從古代禮、刑的運用探討法家的來源」（大陸雜誌第四七卷第二期）。

⑱ 如胡適，「說儒」（胡適文存第四集，遠東圖書公司）等。

又（有）進退，雩邦人、正人、師氏人，又辠又故，迺䮀倗即女（汝），迺繇宕，卑（俾）復虐逐厥君厥師，迺乍余一人咎⑲。

按，此器失蓋，銘之前半分鑄於蓋上，故起首不成句。此邦人有力量「虐逐厥君厥師」，正如周人有力量流放厲王於彘（周語上）。西周列國國人與政，史書多所記載。厲王稍前的齊國，胡公派的薄姑人和獻公派的營丘人政爭，歷數十年之久，獻公系終因齊人之助得勝。（齊太公世家）兩周之際，晉國亦有類似的政治鬥爭。庶支曲沃莊伯及其子武公奪翼都嫡系晉君之位，五度傾覆翼派，「晉人」還是不服曲沃派（晉世家）。晉人即國人，包括懷姓九宗⑳。

---

⑲ 白川靜，前引書第三十一輯，郭沫若，前引書葉一四〇，考古圖三．三四。

⑳ 左傳隱公六年：「翼九宗五正頃父之子嘉父逆晉侯於隨，納諸鄂，晉人謂之鄂侯。」史記說「晉國之衆皆附」曲沃桓叔，嚴粲詳辨其非，曰：「以晉世家考之，初潘父弒昭侯而迎桓叔，將入晉，晉人發兵攻桓叔，桓叔敗，還歸曲沃，晉人共立昭侯子平，是為孝侯，此桓叔初舉而國人不與也。其後曲沃莊伯弒孝公于翼，晉人又攻莊伯，莊伯復入曲沃，晉人復立孝侯子郄，是為鄂侯，此莊伯再舉而國人又不與也。及鄂侯卒，莊伯伐晉，晉人共立鄂侯子光，是為哀侯，此莊伯三舉而國人又不與也。至武公虜哀侯，晉人復立哀侯子小子，是為小子侯，此武公四舉而國人又不與也。及武公誘小子侯殺之，晉人復立哀侯弟緡，此武公五舉而國人終不與也。最後武公伐晉侯緡，滅之，盡以其寶器賂周僖王，王命武公為諸侯，然後晉人力不能討，無如之何。」見瀧川資言史記會注考證「晉世家」引。

因爲史料殘闕，不能確知西周各地國人的干政運動，但從幾片零簡輔佐春秋史實而推測，西周時代國人的政治力量當不減於春秋。

國人干與政治的方式多端，或決定國君廢立，或過問外交和戰，或參議國都遷徙，大抵小國如中原的鄭、衛、宋、曹、陳、許或山東半島的莒、紀等表現得最明顯，可能是小國保留原始氏族共同體的遺習較多之故。西元前六四二年邢人、狄人伐衛，

> 衛侯以國讓父兄子弟，及朝衆曰：「苟能治之，燬（衛文公名）請從焉。」衆不可。而從師于訾婁，狄師還。（左僖十八）。

國人非統治階級，無權染指王位，衛侯讓位只能讓給父兄子弟，此固氏族共同體之現象；但「國」是全國人的，凡「國」之事要經該國全體成員的認可，故讓位而朝國人，國人反對，貴族也無可奈何：此亦氏族共同體的習尙。故貴族立君，不得國人同意則不能有國。西元前五八一年鄭貴族子如立公子繻，越一月，鄭人殺繻而立髡頑，子如奔許（左成十）。這是內政；外交之例亦極多。春秋晉楚爭霸，中原小國深受其苦，朝楚則晉攻之，朝晉則楚攻之。外交政策國君不得違背人民的意見而自作主張，否則總有流亡的可能；因爲介乎大國之間，受害最甚的是人民。如果不從氏族社會的遺習去看，國人的行爲頗難圓解，那時還說不上近代意義的民主自由。衛國夾在晉楚間，有一次「衛侯欲與楚，國人不欲，故出其君以說于

晉。」，衛侯乃「出居于襄牛」（左僖二十八）。遲至春秋末葉，吳興起於東南，與楚爭霸，濱臨的陳、蔡國家亦蒙受損害。西元前五〇六年吳軍入楚都，

使召陳懷公。懷公朝國人而問焉，曰：「欲與楚者右，欲與吳者左。」（左哀一）

西元前五九七年楚子圍鄭，封鎖十七日，「鄭人卜行成（求和），不吉；卜臨（哭）于大宮，且巷出車，吉。」國人與統治者（「守陴者」）皆大哭，準備遷都（左宣十二）。是國人參與國的遷徙與和戰的計議。不論內政或外交皆共同體每一成員分內之事，各各成員對共同體的存亡是息息相關的。

國人發揮氏族社會傳統與遺習，統治階級予以事實的認可㉑。秦穆公助晉惠公入主晉國，惠公恩從仇報，秦晉戰於韓原（西元前六四五），惠公被俘。秦伯會晉使呂甥，盟于王城。秦伯問：「晉國和乎」？對曰：「不和」。

小人恥失其君而悼喪其親，不憚征繕以立圉（惠公子）也。曰：「必報讎，寧事戎

㉑ 謂「事實的認可」以別於「法理的認可」，國人與政的權力「封建」禮法未予承認，參見本節下文及第五章「城邦之沒落及城邦時代的結束」。

狄！」君子愛其君而知其罪，不憚征繕以待秦命。曰：「必報德，有死無二！」以此不和（左僖十五）。

以晉這麼一箇發展中央集權的國家，還承認國是由貴族（君子）和國人（小人）組成的。貴族周人，要守周初「封建」流傳下來的那套禮法；國人懷姓九宗及附民，可以不受周禮的拘束。但國人扮演一位重要的政治角色則爲時人所公認，必貴族與國人「和」，國家纔有指望。西元前六三四年，齊孝公伐魯北鄙，僖公命展禽犒齊師，齊侯問曰：「魯人恐乎？」展禽對曰：「小人恐矣，君子則否。」（左僖二十六）國家存亡的應答，柳下惠依然貴族、國人並舉。中原國家國人舉足輕重的力量比之晉、魯更有過之。春秋末年吳稱霸，徵會于衛，衛人觀望，吳大宰嚭責備衛君「之來也緩」，要拘執衛君，虧得大外交家子貢解圍。子貢說：「衛君之來也必謀於其衆，其衆或欲或否，是以緩來。」一番道理說得「大宰嚭說，乃舍衛侯。」（左哀十二）子貢辯說的根據——「衛君之來也必謀於其衆」是事實，也是統治階級認可的。

城邦時代社會的中堅在國，雖地方有東西南北之分，時間懸隔數百年之遙，承認國人可以干與政治則一也。故知周禮小司寇詢萬民三政：「詢國危」、「詢國遷」、「詢立君」（秋官），決非嚮壁虛造。我們認爲這是氏族共同體的遺習與遺制，具有長遠的傳統性與廣泛的普遍性。

（二）國人與政力量的後盾——氏族遺法的社會組織及兵制

原始氏族共同體統治階級與被統治階級尚未嚴重分裂，只有外來的敵人，沒有內在的敵人。這就是晉國史官蘇所說的，「昔者之伐也，興百姓以爲百姓也，是以民能欣之，故莫不盡忠極勞以致死也。」（晉語一）被統治階級與統治階級利害是一致的。氏族共同體的成員各有其權利義務，各人的生命權也不會隨便遭到統治者的剝奪或危害㉒。邾文公曰：「天生民而樹之君，以利之也。」（左文十三）尚有氏族共同體的遺風。春秋時代山東半島的莒國數度放逐國君，都是因爲國君危害傳統共同體存在之故。西元前六〇九年莒紀公子「多行無禮於國」，太子僕「因國人以弒紀公」（左文十八）。西元前五四二年「犂比公虐，國人患之」，廢世子展輿「因國人以攻莒子，弒之。」（左襄三十一）越二十三年，「莒子庚輿虐而好劍，苟鑄劍必試諸國人，國人患之」，庚輿甚且出賣共同體，想背叛領主國，貴族烏存「帥國人以逐之」（左昭二十三）。這三件事變顯示，國人利益蒙受危害時，他們有權利或能力反抗，而貴族也利用國人的力量更換統治階級的領導者；即使子弒父，也不忌諱。氏族共同體的利益高於一切之上，成員都盡力維護這箇傳統。

㉒ 本文僅就統治者與被統治者而言，氏族長對氏族成員的生命財產權不在本論範圍內。後者參讀 N.D. Fustel de Coulanges, La Cité Antique（李宗侗譯本希臘羅馬古代社會史卷二「家族」，中華文化出版事業委員會）。

由於歷史的演進，像莒國的樸素氏族風習保存的已少了，大多數的國家多少有所修正。大致當春秋以前，其根本精神依然健在，也只有這種遺習和精神纔維繫城邦於不墜。前論周人武裝殖民只是營建軍政據點，維持共主威權的羈縻政策，對傳統社會結構未摧毀或更動。以勝國之遺的殷人來說，周人採取「啓以商政，疆以周索」（左定四）㉓的政策，允許殷人內政自治。唯奉周人爲主，聽之羈縻而已。左傳明白記述，這叫做「以法則周公，即命于周，是使之職事于魯，以昭周公之明德。」（左定四）要做到周公告誡的「比事臣我宗，多遜。」如是則「予惟不爾殺」（尙書多士）。殷遺民所以還能繼續行他們的「商政」，主要由於社會基礎未壞。周人「使」氏族長「帥其宗氏，輯其分族，將其類醜」（左定四）——相對地說，原來的貴族仍然是貴族，農人仍然是農人。這樣的社會組織要待春秋中葉以後纔逐漸解體。周人對魯之六族如此，對衛的七族，晉的九宗，大概也一樣。殷「頑民」尙且有這末「優厚」的待遇，其他的傳統古國，周之「友邦冢君」（尙書牧誓）更不用說。

國人合族聚居的共同體行政系統名曰「里」。里始自何時，史籍難徵，或許當原始氏族制的後期，統治者與被統治者逐漸分離時，「里」便形成。促成轉變的一大因素是外力之佔

㉓ 索，大戴禮曰：「布指知寸，布手知尺，舒肘知尋，十尋而索。」（王言）徐中舒說「索是有一定長短的繩索」。所謂「疆以周索」大概是實行周人的土地制度，故杜預注索曰「法」，但其詳今難言之。徐論見氏著「試論周代田制及其社會性質」。

領與統治，因爲原來氏族的勢力仍在，不得不承認他們的地位，故設里以羈縻。史頌𣪕曰：「王才（在）宗周，令史頌省穌，灋友里君百生，帥𩱳盩于成周。」周王派史頌到蘇地，鳩集當地的氏族長，政治負責人，盟誓輸誠效忠，以收撫恤之功。法友是官守友正，百姓是貴族，里君與之並稱，也不外是被統治者的氏族代表㉔。故𩰫𣪕曰：「命女嗣成周里人眔（及）者（諸）侯大亞」，里人之位且在諸侯大亞之上。周書酒誥的「百姓、里居」及逸周書商誓的「百官、里居、獻民」，「里居」皆「里君」之誤。朱右曾校逸周書亦曰：「皆殷之世家大族」㉕。

西周的「里君」東周稱爲「司里」，離氏族性似又遠了一步。周定王（西元前六〇六——五八六）使單襄公聘於宋，假道於陳以聘楚，襄公發現陳國的「司里不授館」，推斷「陳侯不有大咎，國必亡。」（周語中）西元前五六四年宋國火災，執政樂喜「使伯氏爲司里，火所未至，徹小屋，塗大屋。」（左襄九）齊語及管子小匡都稱里的長官爲「司」。司里與里君的差別今不能明，然二者似皆聚居在一處的人羣之長。這羣人大概稱爲「里人」，其地位可能與「百姓」相當，不外是周拓殖前的氏族貴族。

㉔ 參見白川靜，前引書第二四輯，葉一七八——一八一。百姓是貴族，楊樹達有說，或見金文通釋第二三輯葉九八——九九。

㉕ 朱右曾，逸周書集訓校釋商誓（世界書局）。

里人即國人，唯其是傳統的氏族貴族，纔能產生左右政局的力量，否則城邦時代國人的政治活動是不能理解的。尚書洪範所見「庶人」(國人)的地位幾與國君貴族鼎立，絕非杜撰。直到春秋時代，國君與貴族的政治鬥爭大抵還因國人之向背決定勝負。西元前五八一年鄭公子班擁立的國君爲鄭人所殺，子班奔許（左成十）。三年後，回來報仇。

> 六月丁卯夜，鄭公子班自訾求入于大宮，不能。殺子印、子羽，反軍于市。己巳、子駟帥國人盟于大宮，遂從而盡焚之，殺子如（班）、子駹（班弟）、孫叔（班子）、孫知（子駹子）。（左成十三）

公子班二度失敗可以說敗在國人手裏。西元前五四二年鄭貴族伯有作亂，「鄭伯及其大夫盟于大宮，盟國人于師之梁（城門名）之外」。據說伯有聞鄭人訂盟攻己，甚怒，雖攻入鄭國，「駟帶率國人以伐之」，伯有終「死於羊肆」（左襄三十）。西元前七世紀初，宋昭公不聽樂豫之勸，剷羣公子，「穆襄之族率國人以攻公，殺公孫固、公孫鄭于所宮。」（左文七）穆襄之族因得國人之助，佔了上風。至左傳紀年的最後第二年，宋大尹以達之亂，國人的力量還是舉足輕重的（左哀二十六）。楚白公勝篡亂，葉公子高合方城外的軍隊及國人以敗白公（左哀十六）。不僅政變要仰賴國人的襄助，政變成功，同樣要取得國人的諒解。齊崔杼弒莊公，立景公而相之，「盟國人於大宮」（左襄二十五）。盟國人大概是防止國人叛己，所以季孫家臣陽虎將有大事，亦「盟國人于亳社」（左定六）。國人向背關係政局如此重大，秦穆公纔有「失衆安能殺人」（晉語三）之語，意指如果晉惠公不得國人的支持，是無法殺丕鄭的。國人自成一股勢力，不可能沒有嚴密的組織，那是基於氏族血緣的連帶，自律的，頗少受統治者的干涉——這組織即是「里」。

里組織之嚴密性和自律性還可從管仲對齊國內政的改革㉖窺探一二。太公治齊，「因其俗，簡其禮」（齊太公世家），至桓公時代，齊國社會恐怕還保存許多萊夷風俗和組織。管仲「參其國而伍其鄙」㉗，「制國以爲二十一鄉，工商之鄉六，士鄉十五。公帥五鄉焉，國子帥五鄉焉，高子帥五鄉焉。」（齊語）將國分成三箇大的共同體，國事、官宰、百工、市商、山林川澤都分爲三，此之謂「參國」。各共同體內，百官工商以至農產、天然資源等都齊備。據說一國有二百五十箇里（管子立政），一里有五十家（齊語，管子小匡），里之長或稱「里君」（小匡），或稱司里（齊語）。眞實情形可能不如典籍記載的整齊畫一，然而里是小的共同體，靠氏族血緣連繫，大概不錯。共同體的成員，「罰有罪，不獨及；賞有功，

㉖ 春秋時齊的國勢並不強盛，釐公二十五年北戎伐齊，賴鄭太子忽來救（左桓六），釐公之子襄公淫亂，葵丘戍卒作亂，襄公被殺，羣公子爭立，小白因國、高二氏之助乃得入。管仲改革齊政或不如管子書說的完整周備，然改革是的確的史實，否則桓公不能稱五霸首。

㉗ 參看岡崎文夫，「『參國伍鄙』の制に就て」（羽田博士頌壽紀念，東洋史論叢）。

不專與。」（管子立政）而且

> 勿使遷徙。伍之人祭祀同福，死喪同恤，禍災共之。人與人相疇，家與家相疇；世同居，少同遊。（齊語）。

這樣的社會組織當時中原可能普遍存在。今按，管仲，潁上人，姬姓之後，少時賈於南陽（史記本傳索隱）。南陽是在晉南周衛之間的中原地區㉘。或許管仲是周人，所以答桓公問政，開宗明義就說：「昔吾先王——昭王、穆王世法文武」（齊語），其改革是參周法入齊、萊之俗的，故曰：「修（周）舊法」，「擇其善者而業用之」。他所推行的「里」可能本之中原舊制，參證本書第三章「城邦時代的農莊社會結構與土地經濟形態」當更能明白。而且也只有「祭祀同福，死喪同恤，禍災共之」的氏族遺習的共同體，纔能比較合理地解釋國人與政力量的根源。這是城邦時代社會的一大特色。

㉘ 南陽地望在晉南周衛之間，非今日河南西南角的南陽。左傳僖公二十五年記晉文公請隧，弗許，周王「與之陽、樊、溫、原、欑、茅之田，晉於是始起南陽。」陽樊溫原係周邑，賜與晉，必瀕臨晉地，故杜預注南陽曰：「晉山南河北」。又左傳文公元年「晉襄公既祥，使告于諸侯而伐衛，及南陽。」故推斷南陽當晉南周衛之間。

除嚴密自律的社會組織外，國人與政的另一要素是兵役。春秋文獻所謂的「士」大抵指當兵的國人㉙。那些「成周里人、諸侯大亞」（䜌殷）當包含了不少被周公遷來的「殷頑民」，他們「尚有爾土，尚寧幹止」（尚書多士），可以「宅爾宅，畋爾田」（尚書多方），營其里居生活。他們雖亡國之遺，氏族軍並未遣散，成周尚有六師，即西六師。周初小臣謎殷記殷八師征東夷：

> 𠭯東夷大反，白懋父以殷八自（師）征東夷……陷伐海眉，……㉚

西周後半，成周六師殷八師依然存在。禹鼎曰：

> 用天降大喪于下或（國），亦唯噩侯馭方率南淮尸（夷）、東尸，廣伐南或、東或，至于歷寒，王迺命西六自、殷八自曰：「裂伐噩侯馭方，勿遺壽幼。……」㉛

㉙ 參見本書第三章第四節，及宮崎市定，「中國上代は封建制か都市國家か」，增淵龍夫，「春秋戰國時代の社會と國家。」

㉚ 參見白川靜，前引書，第十三輯葉七一九—七三六。此器一般斷在成王（如郭沫若、容庚、吳其昌、陳夢家），也有斷在康王的（如唐蘭）。三代吉金文存九‧一二〇

㉛ 訓讀參白川靜，前引書第二七輯葉四四三—四六一。禹鼎年代，郭沫若定在懿王期，徐中舒認為厲王期，白川靜考證當在共和時代。一九四二年陝西岐山縣任家村出土。

古代氏族成軍㉜，西六師殷八師似歷西周之世未嘗解體或整編，其成員必包括衛地殷遺和成周庶殷，新陳代謝累世不絕，始終維持一支勁旅㉝。

里人編組軍隊，管仲大概切實在齊實行過，桓公有强大的武力纔能敗狄人，驅山戎，復衛、存邢、敵楚，糾合諸侯。齊國的强大武力因管仲而建立㉞，管仲的基本政策是「作內政而寓軍令」（管子小匡）。分國爲三，每「國」五士鄉，士鄉的壯丁既是國人，也是伍卒，「擇其賢民使爲」里君，掌壯丁之兵籍，故曰「卒伍定於里」（小匡）。但「軍旅、政定於郊」，里君不指揮作戰，似只負責兵源，一如今日縣政府兵役科長之職。「參國」之後，里亦畫分成三大集團，「爲高子之里，爲國子之里，爲公里，三分齊國以爲三軍。」（小匡）三「里」「三軍」和參「國」配合。

軍隊的領導階級是貴族，基層的兵卒則是國人，舊說貴族之最下階層——士構成軍隊的主體，不的。臨淄城內分爲十五箇士鄉，六箇工商之鄉，不可能工商業者之外全城皆貴族。

㉜ 氏族成軍參本書第四章第二節。班毀亦曰：「王令吳白曰：以乃自左比毛父；王令呂白曰：以乃族右比毛父。」師、族互稱，益見軍隊之氏族性。

㉝ 白川靜「釋師」，甲骨金文學論集（朋友書店），葉二〇五—三〇五。

㉞ 參見本章註㉖。

細繹左傳記載的史實多可證成國人爲軍隊主力之論。西元前五八五年晉以救鄭之師侵蔡，與楚申息之師相遇。戰或不戰，晉軍將領頗多歧議，主帥欒書深怕晉的主力軍敗於楚二縣之師，屈辱莫大焉，乃下令班師。但「軍師之欲戰者衆」，有人告欒書曰：

> 聖人與衆同欲，是以濟事。子盍從衆！子為大政，將酌於民者也。（左成六）

既曰「軍師」，又曰「衆」，又曰「民」，三者同指，可見軍隊是由國人組成的。秦晉韓原之戰的前夕，秦子桑告穆公曰：「無衆必敗」（左僖十三），即指晉惠公喪失民心，晉軍果然潰亡。呂甥請和，穆公問「晉國和乎」，曰：「不和。小人恥喪其君而悼喪其親……」（左僖十五），如果軍隊無國人，小人何必「悼喪其親」？也無「無衆必敗」之理。故韓獻子曰：「無民孰戰」（左成十六）？一語道出古代軍隊成員的因素；而且「帥師者受命於廟，受脤於社」（左閔二），貴族有廟，國人有社，國人若不爲軍，殊無戰前在社分祭肉的必要㉟。季氏伐莒、伐邾，勝利歸來，「獻俘於亳社」（左昭十、哀七），也因殷遺民的國人立功之

㉟ 受脤於社，白川靜且以為金文的「𠂤」（師）作祭肉之形，大概是胾的初文。說文：「胾、大臠也。」即魯頌閟宮所云：「享以騂犧，是饗是宜，降福既多。……白牡騂剛，犧尊將將，毛炰胾羹，籩豆大房。」這種肉便是胙肉。說文：「胙、祭福肉也。」參見白川靜「釋師」，甲骨金文學論集（朋友書店）。

故。

不但「軍師」和「衆」「民」同指，周金銘文「師」「族」也通用㊱。古代的軍隊由國人組成，因爲國人或是傳統氏族貴族的後裔，或是周人東移的平民，不但保留傳統氏族共同體的遺習遺制，而且有「里」的聯繫，軍隊的組成還貫串氏族血緣的因素。由氏族血緣和里制組成的軍隊是城邦武力的主幹。他們在家「世同居，少同遊」；作戰則「夜戰聲相聞足以不乖，晝戰目相見足以相識，其歡欣足以相死。居同樂，行同和，死同哀；是故守則同固，戰則同彊。」（齊語）沒有這樣的武力基礎，不可能產生國人左右政局的光輝燦爛的歷史。

㊱ 參見本章註㉜，亦見第四章「城邦時代的貴族世官與釆邑世祿」。

第三章　農莊社會結構與土地經濟形態

如果說城都是社會的點，那麼廣大的農村便是社會的面。探討社會性質毋寧更當注意廣闊的面，纔能把握整體的眞象。中國城邦時代農耕者的社會組織有很特殊的性質，今名爲「農莊」，因爲後世意義的農村還沒有出現呢。農莊是共同體（Community），原始氏族社會的遺習或遺制還保留很多，這不但從社會組織可以看得出來，當時的經濟形態也表露無遺。凝固的共同體，集體的耕作勞動，致使學者混淆爭辯；或說奴隸社會，或說封建社會，或說古代東方型奴隸制。社會經濟史的一大課題在探討社會成員的身分地位，但身分地位離開社會結構和經濟狀態是不能獨立存在的。如果不仔細解析社會的特質，唯據集體勞動而廣肆推衍，說什麼耕作者是奴隸或農奴，皆非中肯之論。本章嘗試鈎勒城邦時代基層社會的面貌，不急急於辯駁，然而我們的觀點自在其中。

中國幅員廣大，民族複雜，先秦各地的歧異性頗深。本章以中原及東方爲主要的討論對象，南方稍及之，燕北西秦皆不在範圍內。文論西周以下五百餘年歷史，各地當亦因時代先後而略有異同，因載籍缺漏，只能就「典型的」大體言之而已。

當時農莊耕作者住居的地方有封疆之限，封疆原已有之，周人東進，武裝殖民，更加鞏固，因先論殖民與封疆。

一 殖民與封疆

周民族武裝拓殖建立的軍事、政治城堡古書名曰「國」，國外的廣大田土稱曰「野」，野上的小聚落稱曰「邑」或「社」。軍政城堡和商業城市不同，對農村無調節產物的功能，生計大體仰賴農村的支持，故周人的殖民營國亦兼闢野。早期氏族社會時代，公劉率領族人「迺裹餱糧，于橐于囊」，「弓矢斯張，干戈戚揚」，駐足於岐下。驚歎那地方的土地肥美，於是：

> 逝彼百泉，瞻彼溥原，迺陟南岡，乃覯于京，京師之野，于時處處，于時廬旅……
>
> 既景迺岡，系其陰陽，觀其流泉。（大雅公劉）

與水利，闢田土。「度其隰原，徹田爲糧。」氏族成員各有耕種的田野，勞作生產，故曰「迺疆迺理，迺宣迺畝。」（大雅緜）這種殖民精神周人爲天下共主後依然保存。周宣王封申伯於謝，命召伯率軍一同往謝「定申伯之宅」，王一再告誡召伯要「徹申伯土田」「徹申伯土疆」（大雅崧高）。燕衆所完的韓城在「實墉實壑」的城牆溝池外，也「實畝實籍」（大雅韓奕）。宣王時代，召穆公平定淮南的夷人後，在「江漢之滸，王命召虎（穆公），式辟四方，徹我疆土」（大雅江漢），營起周民族所擅長的武裝殖民來。，公劉時代周氏族成員雖親自耕田，亦剝削豳的原住民（徹田爲糧）；周人在東方的殖民，更把這種傳統精神肆加發揚，大概沒工夫耕種，專靠徵收被統治者的生產來維持城堡的生活。但因爲城堡內有國人，要耕種，城堡猶不至於完全流爲寄生者①。

周人的殖民方式營國兼闢野，他們在東方築的城不是一箇孤伶伶的軍政城堡，還有野及野人聚居的邑社，故所謂「封建」也不止賜給一箇據點而已。周公封伯禽於魯，「分之土田陪敦」（定四），陪敦就是附庸②，即魯頌所謂「乃命魯公，俾侯于東；錫之山川，土田

---

① 就城鄉關係論，有人認爲城完全仰賴農村的支持，故必嚴厲控制農村（參見侯外廬中國古代社會史論，一九五五）。我認爲此論不的。

② 古傳「土田倍敦」，召伯虎簋有「僕𩫏土田」，這是一個成語。𩫏即古墉字（見說文），通庸。敦讀了別字（古文敦作𦎫，與𩫏近似）附，倍、僕一聲之轉。說見郭沫若，奴隸制時代（一九六六）葉二八—二九。

附庸」（閟宮）之意。康叔赴衛，他的「封畛土略：自武父以南及圃田之北竟，取於有閻之土，以共王職。」（左定四）殖民城堡外的土田是有邊界的，古人謂之「封疆」。或謂封的本義只象徵土地上有生長得很茂盛的草木，金文作[illegible]（散氏盤），象兩手捧艸木種植的情形③。然封原有壘土之義，引申爲界。左傳襄公九年「故商主大火」疏云：「周禮保章氏以星土辨九州之地所封，封域皆有分星。鄭玄云……封猶界也。」所以凡一定地面上的周圍建設界域，以與外區有別的，也就是封。西元前六六〇年狄人伐衛，衛敗，遺民渡河逃亡，「立戴公以廬于曹」。（左閔二）毛詩序：「野處漕邑，攘夷狄而封之。」（鄘風定之方中）大概衛人東走曹邑，要在沿邊壘土設防的。兩年後衛文公避狄，再東徙楚丘，史傳曰：「諸侯城楚丘而封衛焉。」（左僖二）「城」「封」並言，封之意義再明確不過了。但壘土而封，往往亦種植樹木以護持疆界，且醒標幟。易繫辭傳曰：「不封不樹」，也是「封」「樹」連言的，反觀詩經鄘風定之方中曰：

定之方中，作于楚宮；揆之以日，作于楚室。
樹之榛栗，椅桐梓漆，爰伐琴瑟。

---

③ 參見金兆梓「封邑邦國方辨」（歷史研究，一九五六，第二期）。

原來諸侯城楚丘封衛時也種植林木的。「封建」本義即此，若說成分第祚土，實因後人不明城邦時代武裝殖民的情狀，以統一帝國觀念述古而產生的誤解。

殖民種樹以立封疆或許承襲上古部落時代沿境林或防衛林而來。爾雅釋地曰：

邑外謂之郊，郊外謂之牧，牧外謂之野，野外謂之林，林外謂之坰。

說文解字與王砅素問註大體相同④。大概聚落的四周有耕作的田野和放牧採樵的草地，往外是邊境林，林外是區脫地帶，平民不敢也不可輕易去的。殷商甲骨卜辭甚多敵人「牧我田」的記載。歷西周以至春秋，封疆的形式大抵未變。西元前七一八年鄭攻衛以報去年取禾之仇，左傳曰：「侵衛牧」（隱五），破壞衛人的放牧地。五年後，鄭與宋、衛戰，「鄭師入郊，猶在郊；宋人、衛人入鄭。」（隱十）是鄭師回到城外的郊時，敵人已先一步攻入城郭內了。驪姬對晉獻公說，皐落狄「朝夕苛我邊鄙，使無日以牧田野，君之倉廩固不實，又恐削封疆。」（晉語一）田野不得耕牧，自然要撤退邊界林，削封疆以自衛了。氏族共同體時代，地曠人稀，生產工具不發達，土地墾闢者小，邑與邑之間有廣大未耕地，一方面也可以隔離不同的氏族，免得衝突。直到春秋末期，中原的宋鄭之間還有「隙地」六邑(左哀十二)。

---

④ 說文曰：「邑外謂之郊，郊外謂之野，野外謂之林，林外謂之冂（坰）」。素問注曰：「邑外謂之郊，郊外謂之甸，甸外謂之牧，牧外謂之林，林外謂之坰。」引自金兆梓前引文。

隙地成邑，已經墾發了，但稱之爲「隙地」，可見那是傳統的區脫地帶，不屬任何國家的。所謂邑、郊、牧、野、林、垌的層次不一定如古書所記的秩序井然，但古代聚落外圍栽種防衛林是可以肯定的，倗生𣪘記載格伯取倗生的良馬，典當給他三十田，訂立合同，巡行三十田的疆界：

殷人幻雹谷杜木，邍谷旅桑涉東門⑤。

疆界上種植植樹木，或杜或桑，作爲標幟。有的封疆不止一道，散邑有三封之多。散氏盤曰：

眉，自濡涉以南，至于大沽，一封；以陟，二封，至于邊柳，復涉濡，陟雩，戲䜌陕。以西，封于𢿢城楮木，封于芻逨，封于芻道。內陟芻，登于厂湶，封割柝，陕陵、剛柝，封于䍐道，封于原道，封于周道。以東，封于𩰫東疆；右還，封于眉道；以南，封于谷逨道；以西，至于堆莫。眉，井邑田，自根木道，左至于井邑封道，以東，一封。還，以西，一封。陟剛，三封。降，以南，封于同道，陟州剛，登柝，降棫，二封⑥。

⑤ 參見白川靜訓讀。見氏著金文通釋第二十輯（白鶴美術館誌）。三代吉金文存九・一六。

⑥ 參見白川靜，前引書，第二十四輯。三代，一七・二〇。

散氏盤所記已是一箇封國，不比倗生毁的莊園。不論貴族領主的采邑或封國，其有封疆則一。

所以封疆就是壘土植樹以疆理土地，素來是諸侯爭奪的對象。西元前六九五年魯齊之師「戰于奚，疆事也，於是齊人侵魯疆。」（左桓十七）杜注「疆事」曰：「爭疆界也。」又如西元前五六五年莒人伐魯東鄙「以疆鄫田」（左襄八）杜注：「莒旣滅鄫，魯侵其西界，故伐魯東鄙以正其封疆。」諸如此類「疆田」的記載，左傳所在多有。因爲侵入別國封疆，佔領別國田土，被統治者的賦稅勞役便滾滾而來。前引召伯助申伯殖民於謝，「徹申伯土田」與「徹申伯土疆」並言，而且「徹」土疆，「以峙其粻」（大雅崧高），統治者的糧食就不虞匱乏了。原來周人在殖民地區行的是「徹」法的稅收。徹，毛傳：「治也」；鄭箋：「治者正其井牧，定其賦稅。」朱子集傳說得更淸楚，徹乃「定其經界，正其賦稅。」這是一種與殖民封疆密切結合的稅法。孟子論三代稅法說：「周人百畝而徹。」又說：「徹者徹也。」（滕文公上）似雙關語，在他當時瞭然易解，後世語言變了，反增痲煩。其實徹法既然與殖民封疆結合，那便是對封疆之內被征服民收繳糧食的行爲，像周初康叔治衛「啓以商政，疆以周索」（左定四），商人內政雖沿舊法，可要依「周索」來疆理。周索就是徹，不論城內之國或城外之野，凡屬衛之封疆，都要向周統治者納糧。故淸人錢大昕說，徹之爲言通，通郊內外之率（焦循孟子正義引錢氏潛研堂答問）。

封疆與武裝殖民的國或貴族領主的采邑莊園不可分割。當時經濟活動以土地生產爲主，爲維持殖民統治者的生存，只有維持一定數量的生產收入；維持定量生產收入的方法，在原始耕作方式之下，唯一有效的是維持相對數量的勞動者。故古人說：「有人此有土，有土此有財。」（大學傳十章）城邦時代的土地經濟形態是土、民、財三者合一的，封疆則爲達到這目的的手段，也表示領主的所有權或使役權。所以武裝殖民的國要擇天險地帶，以事鎭壓控制；農產供給者的邑在空曠地區，也要立封疆以防農民脫離共同體。據說「周文王之法曰：有亡荒閱」，所以蒐逃亡之人，楚文王亦「作僕區之法」，以懲逃臣。（左昭七）有此歷史背景，孟子才說：「域民不以封疆之界，固國不以山谿之險。」（公孫丑下）古代統治者甚關心封疆，戰國述古的謀士爲統治階級籌謀策畫，修封疆也成爲必要之務，呂氏春秋說，孟春時候，

> 天氣下降，地氣上騰，天地和同，草木繁動。王布農事，命田舍東郊，皆修封疆，審端徑術。善相丘陵，阪險原隰，土地所宜，五穀所殖，以教導民。（孟春紀，禮記月令同）

一方面敎民耕種，另方面防備逃亡，固爲維持定量的生產。管子論五政，其中一項是「修封疆，正阡陌」（四時），立意與孟春紀相同。

封疆一事，徑術阡陌又一事，論者或混爲一談，恐不的。楚大夫鬥且廷論令尹子常失政，括搜人民的馬匹財貨過多，軍馬超過行軍兵賦之所需，財貨超過國君的饗貢和大夫的用

使。鬥且廷慨嘆：「貨馬郵（過）則闕於民，民多闕則有離叛之心，將何以封矣？」（楚語下）人民不堪壓迫括搜只好離叛逃亡，雖「四境盈壘」也「封」鎖不住人民的，最後封疆之內只剩下統治階級，鬥且廷名之曰：「勤民以自封」，其「死無日矣」（同上）。鬥且明智，知封疆不足以「域民」，但古代封疆的作用從他的批評就顯示得很清楚了。

沒有穩定的農莊，國的城基立刻動搖，統治者在封疆上每派有專人監守，稱曰「候」，候所居的地方稱曰「寓望」（周語中）。周的單襄公過陳，發現陳國

> 道茀不可行，候不在疆，司空不視塗。澤不陂，川不梁。野有庾積，場功未畢，道無列樹，墾田若蓺。……（周語中）

他知道陳國已經衰亡了。池塘的陂障破壞，無蓄水可供灌溉；河川堵塞，溝洫排水不良；穀子任棄於地，場圃無人修築，田地的種植像園藝那末狹小。農莊凋敝，不外是封疆不修，候不寓望，使得農民逃亡之故。國如果掌握不了野，必遭到敗亡的命運。

二 氏族社會遺制的農莊聚落

（一）農莊的淵源與範圍

農莊聚落支持武裝殖民的城堡，亦先城堡而有。原始氏族共同體所謂的「國」，差不多是一箇農莊的大小。太史公說，黃帝爲共主，「和萬國」（五帝本紀），以當時所知世界之小而有萬國，可見國約等於農莊的。先秦諸子述古，動輒稱引成湯、文、武之國，「湯以七十里，文王以百里。」（孟子公孫丑上）周尺度小，據顧炎武古今里程之異推測，周之百里不過今六七里而已。⑦百里之國約合後世六十餘里，一箇城壘加上四周的田園牧場和森林地也差不多是環周「百里」之國了。這時氏族內部還未嚴重分裂，治人與治於人的階級畫分未明顯，自然尙無食於人和食人的截然區別。春秋初，梁人不堪梁伯土功之勞，傳言秦將來襲，懼而潰散，秦遂取梁。（左僖十九）春秋末年，山東半島的古國鄅⑧全部族成員出城並耕，爲邾人所襲，「盡俘以歸」，鄅子「從帑於邾」（左昭十八）。全國人在一次戰爭中就被打敗或一網打盡，其國之大小是可想見的。傳說周文王「卑服，即康功田功」（尙書無逸），諒非虛言。後世國君有藉田之禮，還是原始氏族共耕的遺習。周語記述虢文公諫周宣王籍千畝的那套理論，已是氏族共同體崩解，統治階級與被統治階級分裂以後所產生的思想了。

原始氏族共同體不斷消滅，一一淪爲被統治者，中國古代社會的農莊，其前身大概是淪亡的共同體，文獻典籍稱曰「邑」。春秋時代的邑有二指：一指農莊，一指貴族的采地。後

⑦ 參見日知錄、卷三十二「里」條，又參楊寬，中國歷代尺度考，葉二三—七八。

⑧ 鄅，或云禹後，或云堯後，或曰姓妘，或曰風姓，莫能詳其究竟，參陳槃，春秋大事表列國爵姓及存滅表譔異（中央研究院，一九六六）葉四八五——四八六。

者係對「都」而言，左傳作者說：「凡邑有宗廟先君之主曰都，無曰邑。邑曰築，都曰城。」（左莊二十八）⑨「築」比「城」簡單，這種邑大概是貴族的次等莊園，不擺設先君木主。而中原南方的百濮史籍亦名「邑」（左文十六），滅於楚以後大概都淪爲農莊的。百濮淪爲農莊也許是古代萬千氏族共同體演變成農莊聚落的一箇例子而已。

農莊的邑範圍極小，有小至十戶人家的，所謂「十室之邑」；百戶人家的農莊已算大邑了，故穀梁傳曰：「十室之邑可以逃難，百室之邑可以隱死。」（左莊九）有的稱邑曰「鄙」。齊晏嬰不敢受「邶殿其鄙六十」（左襄二十八），即六十箇邑；而「衛西鄙懿氏六十」（左襄二十六），也指大夫所領的六十小邑，範圍都不大的。鄙或邑雖有十室、百室之差，一般約在三十家左右。周禮地官曰：

乃經土地而井牧其田野，九夫為井，四井為邑。（小司徒）

則一邑有三十六家。管仲推行新政，「制鄙三十家爲邑」（齊語），管子論五鄙之制亦曰：「制五家爲軌，六軌爲邑」（小匡），則一邑也是三十戶人家。古代農莊聚落固非如此整

⑨ 都邑之別似不可全以先君之主的宗廟為標準，參見本書第四章「城邦時代的貴族世官與采邑世祿」。

齊，但三十戶左右可能是最普遍的現象。

就史料推測，中國古代社會的基礎是小聚落，東方和中原尤其如此。齊國的貴族施氏有百室之邑供家臣收租，史書特別記載（左成十七），也許是大邑之故。一般貴族的賞邑數目相當大，或數百，或數十。西元前五六五年，齊將叔夷滅萊，齊靈公賞他三百箇縣（邑）。叔夷鐘銘⑩記其經過。齊黏鎛銘曰：

䍮（鮑）弔（叔）又成裝（榮）于齊邦，矦氏易（錫）之邑二百又九十又九邑⑪。

管仲奪駢氏之邑，一奪就三百（論語）。這些邑不但小而且沒有更大的單位統攝，才有三百或二百九十又九的煩瑣賜予。中原地區的農莊也很瑣細，衛國的卿可以擁有百邑的莊園，大夫通常佔有六十邑（左襄二十七）散稱小邑，不能調整為較大的行政單位，大概是氏族遺存深植未泯之故。

還有一種農莊聚落，稱曰「社」，也是古代社會的基礎。其範圍亦極小，舊注家都說二十五家為一社⑫。據說齊桓公「以書社五百封管仲」（晏子春秋內篇雜下）。魯昭公剆三桓不

⑩ 參見郭沫若，兩周金文辭大系考釋，葉二〇二——二〇八。

⑪ 郭沫若，前引書，葉二〇八——二一一。三代一．六六。

⑫ 參見說文示部「社」，風俗通義祀典篇，魯世家集解引賈逵左傳注，左昭二十五，哀十五杜注，呂氏春秋慎大覽高注，漢書五行志顏注引臣瓚曰，管子小稱篇尹注，孔子世家索隱，荀子仲尼篇楊注。引自王仲犖，「春秋戰國之際的村公社與休耕制度」（文史哲，一九五四，第九期）。

成，流亡在齊，景公致送自莒疆以西的千社（左昭二十五）。呂氏春秋記越王慕墨子之名，欲「以故吳之地，陰江之浦書社三百」封之（高義）。社和邑大概同物異名，不僅大小相近，淵源亦同。論者以爲社是原始聚落，也是聚落的標識⑬。其實聚落內的氏族以特殊名物稱其社，所謂某社不但具有標識的性質，而且也指該聚落內的氏族全體成員。文獻所見的，西周以下滅亡人國只毀宗廟，不毀社稷。因爲宗廟是統治貴族的，社屬於人民。天無二日，故必毀宗廟；人民却還要留在原來的土地上侍奉新統治者，故社仍然存在。魯之殷遺保有亳社，公羊、穀梁解釋亳社曰：「亡國之社也」（左哀四）。

不論「邑」、「社」或「鄙」皆淵源於原始氏族的共同體。唯共同體瓦解，聚落人民須服事外來的或同氏族的統治主子，主子也許數易，他們爲服侍者的身分並沒有改變。這種共同體的遺制早在周人營建武裝殖民城堡以前就存在，中原及東方保留最多。古代農莊聚落有封疆之限也因承繼氏族共同體遺制而來，城邦時代還很有疏離性，老子小國寡民、老死不相往來的理想國自有其背景的。至於像漢書說的：「五家爲鄰，五鄰爲里，四里爲族，五族爲黨，五黨爲州，五州爲鄉」（食貨志上），一鄉合萬二千五百戶人家，可能是統一帝國或領土國家⑭以後的規制，要非城邦時代農莊聚落的形態。

---

⑬ 参見守屋美都雄，中國古代の家族と國家（京都大學東洋史研究會，一九六八）第八章「社の研究」。

⑭ 「領土國家」，借用宮崎市定的概念。參氏著「中國上代は封建制か都市國家か」（史林，第三三卷第二號）。

（二）農莊的凝固性

當氏族部落淪爲被統治者時，內部的氏族紐帶並沒鬆懈，統治者也樂得利用血緣關係，便於統治。三十戶的人家實不足以威脅到統治階級的安全，沒有摧毀其結構的必要。於是農莊聚落在氏族共同體遺習之餘，又加上新的統治環帶，益形成嚴密凝固的團體。管子乘馬篇詳論官、邑、事、器之制，構成精密的行政系統，其說不定可信。齊語論制鄙只說：

> 三十家爲邑，邑有司；十邑爲卒，卒有帥；十卒爲鄉，鄉有鄉帥；三鄉爲縣，縣有縣帥；十縣爲屬，屬有大夫。五屬故立五大夫，各使治一屬焉；立五正，各使聽一屬焉。

這套行政體系恐怕亦未徹底推行，即或有之，也許及管子之身而亡。齊地多夷人，氏族共同體之習性甚濃厚。春秋中葉以後齊的地方組織還是以小共同體的「邑」「社」爲主，如果有較大的單位，齊侯賞鮑叔又成，大可不必零散瑣碎的「二百又九十又九邑」也，𬹼鎛年代已遠在管仲之後⑮。但乘馬篇論器制卻透露小聚落的凝固性。

⑮ 𬹼鎛曰：「齊辟鞷弔（鮑叔）之孫，遆仲之子〔𬹼〕乍子仲姜寶鎛。……𬹼儇其身，用亯用孝于皇祖聖弔，皇祀（妣）聖姜，于皇祖又成惠弔，皇祀又成惠姜，皇丂遆仲，皇母，……」（兩周金文辭大系考釋葉二〇九）則𬹼去桓公時已第四代矣。

方六里為一乘之地也。

乘馬篇作者解釋曰：「一乘者四馬也，一馬其甲七、蔽五。四乘其甲二十有八，其蔽二十，白徒三十人。」按，原文「一馬」係「一乘」之誤。依「方一里，九夫之田」（乘馬）計，方六里之地合五十四家，要賦一輛戰車，四匹戰馬，甲士七人，蔽捍五件。若各家完全獨立，殊無法平均分配，只有耕種這六里之田的人家利害與共，息息相關，不分彼此，才能解釋這條賦制。

農莊聚落共賦之法亦見於周禮。小司徒曰：

上地家七人，可任也者家三人；中地家六人，可任也者二家五人；下地家五人，可任也者家二人。

任，鄭玄注曰：「丁強任力役之事者」。二家五人，殊無一家出二人半之法，故知家三人，家二人皆就平均數而言，實際上是整個共同體共賦的。土地肥瘠有上、中、下之分，皆以地區爲單位。原始氏族共同體不同氏族間有密切的連繫，文化人類學者稱初民社會合三個以上的氏族（Clans），祭祀與共，困難相助的團體曰「聯族」（Phratry）；而某個社會體系不論是否氏族組織，分爲兩個部分，互通婚姻的稱「偶族」（Moiety）。古代中國的農莊頗有偶族與聯族的性質。周禮地官曰：

> 五家為比，十家為聯，五人為伍，十人為聯，四閭為族，八閭為聯。（族師）

閭，似即「宗族閭」，同族聚居謂之閭。農莊內合多閭爲一單位，因氏族之遺制，結成凝固的社會結構。成員不但賦役同當，而且休戚與共。周禮曰：「相保相受，刑罰慶賞相及相共。」（族師）又曰：「相受相和親，有辠奇衺則相及。」（比長）亦管子所謂「罰有罪不獨及，賞有功不專與」（立政）之意。這樣的社會沒有近代意義的個人，只有成員所寄存的羣體，全農莊的成員「出入共守，疾病相憂，患難相救，有無相貸，飲食相召，嫁娶相謀，漁獵分得。」（韓詩外傳）此亦逸周書所謂

> 飲食相約，興彈（按，漢有街彈之室）相庸，耦耕俱耘，男女有婚，墳墓相連。（大聚）

我們參證多種典籍，古代農莊的凝結性便昭然若揭了。農莊成員一方面得到安全的保障，他方面自然要喪失近代意義的個人自由。如遷徙他處，「則爲之旌節而行之」，無節則囚（周

禮地官比長）。然商業城市未興盛，商業經濟未激盪土地經濟之前，近代的個人遷徙自由對古人無甚意義的，旌節之行固證明農莊的凝固性，但不能做太離譜的推論。

城邦時代上層的政治結構雖去氏族習性較遠，周的武裝殖民並未打破當時的社會基礎，只將城堡建築在農莊共同體上。所以戰國之人對尚留餘韻的歷史陳迹還未忘懷，凡政治主張，不論訴之實際或徒託空言，這層歷史餘影仍無意中顯現。孟子說滕文公行仁政，在鄉里要「鄉田共井，出入相友，守望相助，疾病相扶持。」（滕文公上）而商鞅以衛之庶子，自魏入秦，其變法多有中原舊制⑯，「令民為什伍而相牧司連坐」，告姦者賞，不告者罰（商君列傳）。很可能非一己的創意，而是取法於中原傳統的農莊聚落，唯更訴諸中央集權統治而已。

三　集體操作的土地勞動形態：田萊制、爰田制及井田制

城邦時代的經濟以土地經濟為主，而採集體操作的勞動方式。關於古代勞動形態之研究，論者多所雜辨，概念亦欠明確，雖長篇博論可以成書⑰，其實無關宏旨。這些都因不明

⑯ 參見沈剛伯先生，「從古代禮、刑的運用探討法家的來源」（大陸雜誌第四七卷第二期）。

⑰ 參見胡適等，井田制有無之研究（一九六五）；齊思和，「孟子井田說辨」（燕京學報第三五期）；張溥泉，「關于井田制度問題之探討」（文史哲，一九五七，第七期）；李劍農，「先秦兩漢經濟史稿」（一九五七）。

古代社會特性之故。論古代經濟活動非從其社會組織解剖不可。

原始氏族共同體營共耕互助生活，近代初民社會的研究不乏其例。而一個凝結一致、休戚與共的農莊共同體，成員也不可能從事獨立的、自由的土地勞動。漢書述農民聚居與集體勞作曰：

在壄曰廬，在邑曰里。……春，令民畢出在壄，冬則畢入於邑。（食貨志上）

春耕、夏耘、秋收三季在田野勞動，邑無閒人，故曰：「畢出在野」。冬日天寒地凍，乃「畢入於邑」，不耕作的。勞動時期邑人作息行動一致，

春將出民，里胥平旦坐於右塾，鄰長坐於左塾，畢出然後歸，夕亦如之。入者必持薪樵，輕重相分，班白不提挈。冬，民既入，婦人同巷，相從夜績，女工一月得四十五日。（漢書食貨志上）

原始氏族共同體時代，氏族共產，共產便共勞作。城邦時代，城堡或貴族采邑之經濟命脈主要繫於農莊，封疆之修建，共同體之編整，目的都在控制勞動成員以維繫足夠的農作生產。里胥、鄰長查點成員當承此法。古代統治者於此甚爲措意，管子論政亦曰：「一道路，

博出入，審閭閈，愼筦鍵。筦藏于里尉，置閭有司以時開閉，閭有司觀出入者以復于里尉，……。」（立政）道路只有一條，外環以圍牆，正如鄭風說的「無踰我里，無折我樹杞」「無踰我牆，無折我樹桑」（將仲子）。出入居邑經過審閱，農民無所逃於天地之間，這樣的土地勞動形態是否豆腐干塊的井田制已不甚重要，非井田制也同樣可以集體勞作。

集體勞動是氏族社會的遺制，也是當時最合適的勞動方式。如果沒有生產工具的改革，沒有外來力量將原社會重新改組，或爲適應新文化的衝擊而變革，氏族共耕的傳統勞作方式怕難轉變。中國城邦時代的農莊聚落，其生產方式之所以深具氏族共同體的遺習是因缺乏上述條件之故。本書第二章「周代的武裝殖民與邦國」已論，周人代殷，武裝殖民，社會基礎未動搖；當時雖有華夏夷狄的異質文化接觸，但夷狄的氏族社會習性比華夏民族更深；而鐵農具與耕牛之用於農作生產怕遲至春秋中晚期了⑱。西周以來，農民仍然使用硬木的耒耜和石器勞作，所謂「耒耜耞芟」「槍刈耨鎛」（齊語），耕者還耒「必有一耜、一銚、一鐮、一鎒、一錐、一銍，然後爲農」呢（管子輕重二）。耕作方式是兩人互助，「耦而耕」（論

⑱ 參見徐中舒，「耒耜考」（中央研究院史語所集刊第二本第一分）；關野雄，「新耒耜考」（東洋文化研究所紀要第一九本）及「新耒耜考餘論」（仝上，第二〇本）。許倬雲，「兩周農作技術」（中央研究院史語所集刊第四二本第四分）。西元前六世紀初南方的楚君臣言談以用牽牛蹊田作譬喻，所謂「牽牛以蹊人之田，而奪之牛」。（左宣十一）大概西元前七世紀楚國的牛耕已普遍了。參閱何烈，「中國牛耕技術的起源」（大陸雜誌第五十五卷第四期）。

語微子）。因爲生產工具及生產方式的限制，農夫的單位耕種面積無法加大，一夫維持百畝，再多就非耒耜所能勝任了。所以這時代更無大規模拓荒墾闢之事，孟子所罵的「闢草萊」者還未出世，農民在統治者的監督下過其「日出而作，日入而息」的生活。

古代的集體勞作普通表現在「田萊制」上。戰國之人喜說一夫百畝的田制，其實徵之典籍，分田授畝，地積面數頗有參差。周禮曰：

> 上地，夫一廛，田百晦，萊五十晦，餘夫亦如之。中地，夫一廛，田百晦，萊百晦，餘夫亦如之。下地，夫一廛，田百晦，萊二百晦，餘夫亦如之。（地官遂人）

此即所謂「田萊制」，其分配畝數之不均，是因爲一方面受生產環境、工具及方式的制約，一方面又要維持定量生產之故。田萊制就是休耕制⑲，古代施肥還不發達⑳，地力有時而盡，必須採取休耕制以維持一定的生產。如周禮遂人條所記，上地一夫得百五十畝，年耕三分之二，其餘三分之一休耕——每個五十畝三年才輪休一次，因上地土肥，地力不易喪失之故。

---

⑲ 參見徐中舒，「周代田制及其社會性質」（四川大學學報第二期，一九五五）。王仲犖，「春秋戰國之際的村公社與休耕制度」。

⑳ 許倬雲，前引文。

中地一夫二百畝，年耕二分之一，即每個百畝隔年就休耕一次。下地土瘠，一夫三百畝，每百畝每三年才種一次。輪耕次數之疏密都繫於地力的厚薄，所以地雖三品，因受地有差，一夫實際的耕種面積卻都一百畝。戰國中期史起告魏襄王曰：

魏氏之行田也以百畝，鄴獨二百畝是田惡也。（呂氏春秋樂成篇）

一夫配得二百畝，因土地貧瘠，年休耕一次，以養地力，其實也是一夫百畝的。

土地分「田」和「萊」，從事糧食生產的稱曰「田」，「萊」是休耕時期養草薪的土地。按，萊即藜，野草之通稱㉑。萊地在農莊共同體內係一環有機的組織，爲農民生火燃料所出。古代的燃料是草料，非木材，森林是不可以任意破壞的㉒。鄭曾大旱，使祭司屠擊、祝款祭祀桑山求雨，斬伐林木。子產曰：「有事於山，蓺山林也，而斬其木，其罪大矣。奪之官邑。」（左昭十六）祭司因宗教行爲砍伐樹林，倒把供食的邑田賠掉了。與子產同時的楚公子弃疾，有志王位，爭取外國的友誼，和鄭國私訂盟約，互不侵犯。

㉑ 何炳棣，黃土與中國農業的起源（香港中文大學，一九六九），葉八一。

㉒ 何炳棣，前引書，葉八五——一〇六。

禁芻牧採樵。不入田，不樵樹，不采蓺，不抽屋，不強匄。誓曰：「有犯命者，君子廢，小人降。」（左昭六）

採斫別國的樵木，貴族廢爲庶人，平民降爲奴隸，罪罰不可謂不重。孟子還常說：「斧斤以時入山林」。農民日常的燃料大抵取之於草薪。故每人除耕種的田外還有部分土地專植薪草，以備取用。禮記曰：「問庶人之子長？曰：能負薪矣。」（曲禮下）刈薪捆草當然是小孩子幹的。直到戰國初期「闢草萊」、廣拓耕地的改革家出現以前，田萊制維持農莊的穩定，農作者在貴族或其管家的監督下，從事一定面積的耕作。他們的行動是集體性的，和當時農莊結構密切相關。

周禮上、中、下地之分係就地區而言的，農莊共同體不大，又有封疆之限，小小面積之內很難都有三種不同等則的田地存在。而田萊的輪耕制和十二、三世紀以後歐洲的農莊分田爲三區，每夫之長條形耕地（Strips）分散在三區內，年有一區休耕供村人放牧的情形亦不同。中國城邦時代有一種「爰田制」，與中古中晚期歐洲的輪耕制（除長條形耕地佔有外）頗相似，和早期日耳曼氏族共耕，諸族易田的耕種方式㉓更接近。

爰田制的農作形態也採輪耕方式。班固曰：

㉓ 參見E.A. Thompson, The Early Germans, Clarendon Press, Oxford (1965) Chps 1 and 2。

民受田，上田夫百畮，中田夫二百畮，下田夫三百畮。歲耕種為不易上田，休一歲者為一易中田，休二歲者為再易下田：三歲更耕之，自爰其處。（漢書食貨志上）

此之謂「爰田」（漢書地理志下）。按，爰田即易田而耕。王先謙漢書補註引錢大昕曰：「春秋左傳，晉於是乎作爰田。服虔、孔晁皆云：爰，易也。說文，爰作趄。趄田，易居也。」釋「爰」爲「易」，誠是，但釋作易居，恐怕不的。錢氏或因食貨志的含混而誤，志曰：

在壄曰廬，在邑曰里。

則廬也是住居之處，所以「春，令民畢出在壄；冬則畢入於邑。」似只寒冬住在邑內，其餘農作時期都住在野的廬。但這種說法便和「里胥平旦坐於右塾，鄰長坐於左塾，畢出然後歸。夕亦如之。」自相矛盾；而且也不可能聚落的屋舍一年只住一季。何況任隨人民散居，亦大失共同體羣居及封疆囿民之意。然古代田野確實有廬，詩曰：「中田有廬」（小雅信南山），子產新政之一是「廬井有伍」（左襄三十），周禮地官亦曰：「凡國野之道，十里有廬。」（遺人）但廬是寄旅之地，爾雅曰：「廬，寄也。」（釋地）大概田中簡陋的居舍或涼亭之類名曰「廬」，平時供行人或農夫休憩，農忙時節農人也可以在那裏過幾夜，非長期居留之地。

「易居」之說尚有扞格難通者，古人日出而作，日入而息，耕作地大抵在一天來回里程之內㉔。封疆以內農莊共同體範圍不太大，也無整月整季居住耕地之理。故爰田而耕大概是共同體成員輪耕四周的田野，依土地的肥瘠而有一易、再易和三易之別。田萊制可能是最典型的傳統農莊的耕種方式，也許農莊人口逐漸增加，原來的耕地不敷分配，共同體成員自然要往郊、牧、林、坰墾闢，離聚落較遠之地，地力可能較薄，這樣發展下去，同一共同體內便有許多肥瘠不等的耕地，全體成員各分配肥瘠不等的土地耕作，便產生類似於中古歐洲易地輪耕，或早期日耳曼氏族按期輪流變換耕地等農作方式的「爰田制」。故爰田制後於田萊制產生。這些純粹是推測，史料難徵。但西元前六四五年晉始作爰田（左僖十五），可見爰田制是後起的；而且晉的爰田是「以君命賞」土地給國人的，國人原有耕地，晉君又賞以耕地，自然是原耕地以外的土地。爰田如果普遍推行，在農莊應如上文的推測，耕種地逐漸包括郊牧林坰了。

氏族性農莊共同體營集體的土地勞動，耕作面積或有大小，勞動人員或有多寡，通常可能不會太大的。只有周天子的大莊園才有「千耦其耘，徂隰徂畛」（周頌載芟），或「亦服

㉔ 參見宮崎市定，「東洋的古代（上）」（東洋學報第四八卷第二號）。

爾耕，十千維耦」（周頌噫嘻）的壯大景觀㉕。但所謂「千耦」「十千耦」係詩人之詞句，形容多，非眞坐實二千人、二萬人也㉖。即使較大的莊園，耕作地及勞動成員亦須相當畫分才易於管理；而且原始農具如耒耜並不適宜大農地勞作。討論城邦時代農莊之集體操作當從農莊聚落及田萊、爰田的土地制度著眼，不可一味强調集體勞動即是奴隸性的操作。集體勞動有其客觀的必然條件，也許是當代比較方便的操作方式，不可把農莊說成勞動營。

農莊土地勞動除田萊制及爰田制之外，像中原地區的黃土沖積平原，國外之野或采邑外之田的天然障礙少，貴族領賜的邑數達百十，配合排水或灌漑系統，隸屬同一領主的農民組織起來，按溝洫之流布，分地勞作，這就是第三種方式的集體勞動，即所謂的「井田」制。考工記曰：

> 為溝洫。……耜為耦，一耦之伐廣尺深尺謂之甽。田首倍之，廣二尺深二尺謂之遂。九夫為井，井間廣四尺深四尺謂之溝。方十里為成，成間廣八尺深八尺謂之洫。方百里為同，同間廣二尋深二仞謂之澮。（匠人）

㉕ 白川靜以為千耦，十千耦是藉田儀式，非奴隸的集體勞動。白川未免膠柱鼓瑟，旣有那末大的田地行藉田禮，平常也當有那末多的人耕種，儀禮之說實不足破奴隸論，參白川靜稿本詩經研究（油印本，一九七〇）通論篇，葉二七九——二九〇。

㉖ 王玉哲，「西周社會形態的檢討」（歷史教學第二卷第一期）。

個人耕地內的溝洫窄而淺，愈往外的愈寬愈深。程瑤田說，溝洫制度在「備潦非備旱」㉗，作用是排水而非輸水。同一排水系統內的田土須集體勞作，否則會以別家的土田為溝壑。程氏排水之說只依溝洫深淺想像之，其實大的溝澮深而廣，積蓄之水多，也非不能作灌溉之用，吸引同一水源，如無整然的秩序也勢必發生糾紛，故亦須集體一致性的勞動。

近世井田制度之辯主要來自孟子告滕文公為國的一段公案（滕文公上，下同），細繹孟子之論與今人所辯頗有相當出入。孟子只說「井地不均」，只說「方里而井，井九百畝，其中為公田，八家皆私百畝。」固可名為「井田」，而其情狀孟子也承認「此其大略」而已。因為當時去城邦時代雖不太遠，卻值社會、經濟和政治大變革的時期，許多傳統體制多經人為的改革而泯除，這是孟子最痛恨的「暴君汙吏」把傳統的經界剷除了。前儒注孟，多引考工記的溝洫制度說「井地」㉘，其失已大；今人又在這方面辯有無，不免更節外生枝。

井田制或許是推行於平原地區的土地制度。西元前五四八年楚國蔿掩為司馬，令尹子匠「使庀（治）賦，數甲兵。」蔿掩於是

書土田，度山林，鳩藪澤，辨京陵，表淳鹵，數疆潦，規偃豬（瀦），町原防，牧

㉗ 程瑤田，「溝洫疆理小記」。

㉘ 參見程瑤田通藝錄「周官畿內經地考」，見焦循孟子正義引。

隰皐，井衍沃。（左襄二十五）

這是全國土地與自然資源利用的大普查，同時也是賦稅的大規畫。山林地宜度量國用的材木，藪澤區宜聚集人民使不得焚燎，以備國君、貴族田獵，京陵高皐則劃爲冢墓之地，淳鹵确薄便減輕賦稅，疆界有水潦者減其租入，渚堰規度以蓄水，狹窄的平坦原防則爲小頃耕地，下濕水岸以爲芻牧，平原沃壤則推行井田。㉙然後「量入脩賦，賦車籍馬，賦車兵、徒卒、甲楯之數。」（左襄二十五）討論井田制度不純粹當成一種土地制度，井田與軍賦田稅密切相關，也表現某種形態的社會結構。據說管仲相齊，規畫「參國」之外還有「伍鄙」。桓公問伍鄙之義，管仲答的是相地而衰征，政不旅舊㉚，山澤各致其時，陵、阜、陸、墐、井、田、疇均等等。（國語齊語）韋昭注：高平曰陸，溝上之道曰墐。則陸墐近乎原防也，疇，據韋注是「麻地」，係住家附近種植桑林的，井、田、與高亢的陵阜陸墐對比，當指平原而言。田土的分配平均，郊外人民才會秩然有「伍」，編排成整飭的行政單位。齊語所謂「罷士無伍，罷女無家」，不入「伍」就被排斥於社會、法律和經濟行爲之外了。後來鄭子產推行改革運動，「使都鄙有章，上下有服，田有封洫，廬井有伍。」（左襄三十）大概把

㉙ 參見上引左傳杜預注。

㉚ 韋昭注，不以故人爲師旅。

郊鄙和土地及土地上的聚落大加整頓，取其田疇而伍之，惹得人民要殺他，原來在平原地區缺乏天然封疆，掘土成溝是爲「洫」，挖起來的土堆在溝的兩岸便是「封」。

於是乎一望無際的開闊平地被水溝和隄岸割裂成小區，每區內的住家和飲用的水井㉛互爲休戚與共的社會單位，生於斯，長於斯，工作於斯，謂之「伍」。子產新政主要在重整政治、社會秩序，第一、劃清國野界限，叫做「都鄙有章」；第二、使統治與被統治階級不相踰越，叫做「上下有服」。鄙野方面則整頓聚落，使「廬井有伍」，和齊國的「伍鄙」同義。整頓聚落的方法是在田間起「封洫」，平原沃野因封洫而成區，這就是楚國蔿掩的「井衍沃」。至於考工記匠人條的溝洫系統大概是在類似這種井衍沃，開封洫的過程中發展完成的。我們懷疑所謂「井田」本乎平原上的廬井。原來的農莊氏族成員共耕同賦，歷時日久，人口日多，農莊結構益趨龐雜，統治者逐漸發現賦籍不實，於是乎整編農莊聚落以「量入脩賦」，整頓聚落的方法是重整田間的封洫，使得同一廬伍諸人在同一土地區域內勞動，平均分擔賦稅。這就形成了井田土地制度。其推行採用各地固有先後之別，但推繹其過程不論中原的鄭、南方的楚、或東方的齊卻非常相似。井田制度重視平均，即賦役均平，使「民不憾」（齊語）。因爲這種制度推行於平原地帶，缺乏天然標幟，田地疆界在春秋戰國之際大

㉛ 易井卦曰，「改邑不改井」，邑井連言，亦廬井之意。據本卦卦爻辭象彖，井即水井，不干九百畝的井字形田地。

遭強豪泯慢了，故畢戰問井地，孟子回答「必自經界始。經界不正，井地不鈞，穀祿不平。」（滕文公上）該正的經界就是原來田間的封洫。孟子素來相信社會應分成「食人」和「食於人」兩階級，所以政治上自然有君子野人之別。「無君子莫治野人，無野人莫養君子」（滕文公上）故有「公田」之論，稅法採「助」，曰「惟助爲有公田」。把行「徹」法的周人，說成「助」，於是官吏受田，由人民代耕，當做俸祿，這叫「分田制祿」。這樣是否合乎古制，我看知其「大略」的孟子也沒有把握。而他說農民「鄉田同井，出入相友，守望相助，疾病相扶持」的親睦團結，正符合農莊共同體精神的遺意，與「廬井有伍」之義亦不悖。孟子「井田」論的精義在此，他所側重的毋寧還是古代勞作的集體性，至於是不是九百畝的井字形耕地倒無關緊要了。所以官吏求穀祿之平，人民求井地之均，均井地亦一夫百畝之意。在渠水可及之地便有溝洫系統（考工記）。井田制度是否古已有之，史料殘闕，今莫能詳。本節之論只表明春秋時代井田在齊、楚、鄭三國的發展背景及其特色，說不定管仲、蔿掩和子產也只是修復先王舊法而已。唯可以肯定的，井田是平原上的產物㉜，土地較肥沃，水利亦較便當，不必如萊田、爰田之必按時輪耕也。

農業勞動貴相土地之宜，因利乘便，文獻所傳土地勞動形態：田萊制、爰田制及井田制本無定法，不可執一通論。不論何種土地勞動形態都和農莊共同體密切關連，都深具集體勞

㉜ 參見徐中舒，「試論周代田制及其社會性質」。

作的色彩。但更重要的，不能以集體操作推論農民是奴隸㉝。農民是否奴隸要從身分地位判斷，和集體勞動無必然關係。

四　國人與野人身分地位之異差

城邦時代的國人與野人都脫胎於氏族共同體，因爲自遠古以來，共同體不斷併呑，征服者駐守城邦或都邑，被征服者居住鄙野。被征服氏族向征服氏族貢獻農產品、獵獲物和定時的勞役。周民族東向殖民之前，殷已頗具「帝國」規模，有國人和野人的不同身分，故殷民六族在魯還有「類醜」可將（左定四）。周人以少數民族散駐全國要衝，在殷人、殷同盟或其他古國之上舖建一層新統治階級，名爲「君子」，以別於原來國人的「小人」。周人初爲天下共主，也承認同盟及古國的獨立，據說武王克殷以後「追思先聖王，乃褒封神農之後於焦，黃帝之後於祝，帝堯之後於薊，帝舜之後於陳，大禹之後於杞。」(周本紀)春秋時代，陳只算得三等國家，其餘或存或滅，皆不足道了。那八百個同盟國到春秋可能所賸亦無幾。凡小國之淪亡者，大概都降爲野人；只有那些仍然保有獨立主權的氏族成員，和實力未潰的勝國之裔成爲國人，身分地位不與野人齒。周的平民也屬國人階層，所謂「私人（家臣）之

㉝ 郭沫若認爲施行井田的用意在於榨取奴隸的勞力，其說不堪細辨，通覽本文即可分曉，郭說見「古代研究的自我批判」，收入十批判書。

子，百僚是試」（小雅大東），他們是介乎「東人之子」與「西人之子」「舟（周）人之子」（大東）之間的。野人或隸屬武裝拓殖的城堡（國），或隸屬貴族的采邑（都、邑），也許還有隸屬勝國之後的，如殷遺的「類醜」。

本書第二章「周代的武裝殖民與邦國」論述國人參與行伍，稱曰「士」。傳統說法，士是最下層的貴族，頗可商榷。士固可來自貴族庶裔，然其主體是國人——自耕農。城邦時代貴族之外無專事作戰的階層，國人因保有氏族社會的傳習，又發展出「里」的社會組織，構成軍隊的基礎，發揮相當大干與政治的力量，但他們平時的生計則依靠農作㉞。衛的國人有土地可以「純其藝黍稷，奔走事厥考厥長」（尚書酒誥）；成周的國人也「尚有爾土」「尚寧幹止」（尚書多士）。周公或呼之曰「庶士」，或呼之曰「多士」，可見士、國人和自耕農三者實一。楊樹達謂士、事、菑古音並同，說文以「事」釋「士」，東方人以物臿地為「事」，古書「菑」亦作「臿」。「蓋耕作始於立苗，所謂插物地中也。……事、今為職事、事業之義者，人生莫大於食，事莫重於耕。」而甲文「士」作丄，一象地，丨象苗插入地中之形，與上說合㉟。士之為農事係源於氏族共同體成員共耕之遺習，戰國禮家還知道這脈傳

㉞ 參見楊向奎，「試論先秦時代齊國的經濟制度」（文史哲一九五四，第十一、十二期），宮崎市定「中國上代は封建制か都市國家か」及增淵龍夫，「春秋戰國時代の社會と國家」（岩波講座世界史古代四）。

㉟ 楊樹達，「釋士」見積微居小學述林（臺北大通書局影印）葉七二。

統，曰：

問士之子長幼？長則曰能耕矣；幼則曰能負薪，未能負薪（禮記少儀）。

士本來就是耕農，故其子長則耕。管子亦多透露這點意思，問「士之身耕者幾何家？」「士之有田宅、身在陳列者幾何人？」（問篇）士要耕種的，所以又問「士之有田而不耕要幾何人，身爲何事？」其子弟當然也要耕作，故「國子弟……率子弟不田、弋獵者幾何人？」（問篇）既曰「士」，又曰「國子弟」，既曰「身耕」，又曰「陳列」，這是士、國人和自耕農三者合一的另一證明。而且齊語說：「制國以爲二十一鄉，工商之鄉六，士鄉十五。」「士鄉」，管子作「士農之鄉」（小匡），也可以補證士、國人、自耕農三者一致的看法。

因爲國人要耕作，鄭人罵詈子產才說：「取我田疇而伍之」（左襄三十），而陳侯會楚王伐鄭，「當陳隧者井堙木刊」，才深遭鄭人之「怨」（左襄二十五）。吳迫陳離楚，陳懷公朝國人問，欲與楚者站右邊，欲與吳者站左邊。排列的次序是「陳人從田，無田從黨」（左哀元），這也因國人耕種之故。國人種的田地在城郭外，古書名曰「鄙」。伍員說公子光不成，「爲之求士而鄙以待之，……而耕於鄙。」（左昭二十）伍子胥當然不可能跑到邊「鄙」去等待公子光的異志。這箇「鄙」也就是國人所耕的「負郭之田」（史記蘇秦列傳）。國人亦士亦農，詩人說：「王事靡盬，不能蓺稷黍」（唐風鴇羽），而歎「父母何怙」「何食」

「何嘗」？征役無時，自耕農的生計就無著落了。故古代統治者講究治民的「王事」是「三時務農而一時講武」（周語上）。

野人指農莊共同體的成員，周人武裝拓殖以前，他們就有主子統治者——國人了。周共主憑賜土賜人之名，任意把農莊共同體畫歸在武裝拓殖者的治下。殖民者到領地，或分賜予其子弟，或使子弟挾武裝拓殖精神，建立莊園，將原來生息於彼土的農莊共同體納入自己的領邑內，古書名曰「邑別」（周本紀）。貴族領治的農莊多少不等，卯殷曰：「易（錫）于乍一田，易于宫一田，易于隊一田，易于截一田。」㊱有的一地不只一田，敔殷三曰：「易（錫）田于敜五十田，于早五十田。」㊲「田」大概指農作的單位面積及此面積上的勞動者。殖民貴族佔有土田，也擁有土地上的人口，周人名爲「受民受疆土」（大盂鼎），也叫做「授土」「授民」（左定四）。農莊共同體的成員即是文獻典籍所謂的「夫家」或「家人」，他們並不因主子的代換而提高其社會地位。

野人與國人的地位差異不但表現在政治上：國人能干政，而史無野人與政之例；在法令、稅役上二者的地位亦極懸殊。周禮地官小司徒「掌建邦之教灋」，稽查被治者的戶口，「以起軍旅，以作田役，以比追胥，以令貢賦。」（小司徒）被治者要爲統治者服兵役，從事田

㊱ 白川靜，金文通釋第二十六輯葉三二二。三代九・三七〇

㊲ 白川靜，前引書第二十七輯葉四七五。

野生產，提供勞役，糾察逋逃，以及負擔作戰的車輛、馬匹和運輸補給的牛隻，包括戰國以後的「布縷之征、粟米之征、力役之征。」（孟子盡心下）這些負擔，國人與野人是不同的，所以稽查戶口有「國中及四郊都鄙之夫家」的分別（小司徒），城邦時代參與卒伍雖屬義務，也是權利，國人才有資格「以起軍旅」，野人只能作作「田役」。魯公伐淮夷、徐戎，首先對國人誓師，要他們整修甲冑、干戈和弓矢；對三郊三遂的野人則曰：「峙乃楨榦……我惟築，無敢不供……峙乃芻茭，無敢不多。」（尚書費誓）芻茭以餵飼牛馬，楨榦以備築城，野人只有服勞役，幹軍夫的分。

國人野人對統治者供輸勞役的輕重亦不同。周禮地官曰：

國中自七尺以及六十，野自六尺以及六十五，皆征之。（鄉大夫）

賈公彥疏：七尺謂年二十，六尺謂年十五。服勞役的年齡，國人二十至六十歲，野人十五至六十五歲，有十年之差。國人因爲是自由農，雖須爲城堡堡主（公）服役，但可視實際年成多寡而調整勞役負擔。地官又曰：

凡均力政（征），以歲上下。豐年則公旬用三日焉，中年則公旬用二日焉，無年則公旬用一日焉，凶札則無力政，無財賦。（均人）

地官作者明白指出這是對公的勞役，服役者大體上是國人，力役項目可能限於「修城郭宮室」（周語中）之類。國人依年成豐歉起役，野人的勞役則無論時間，無論種類，無論輕重。從西周到春秋，野人的勞役可能因不同時期和不同采邑主人而略有差別，但典型的野人一年到頭主人皆可差遣，比不得國人「賦役以時」。詩豳風七月是貴族莊園內農莊共同體成員的生活寫照。男耕女織，食糧收成完畢，立刻爲領主服勞役，開春馬上又耕種。

> 我稼既同，上入執宮功。晝爾于茅，宵爾索綯；亟其乘屋，其始播百穀。（豳風七月）

十二月的寒冬則「鑿水沖沖」，「納于凌陰」（七月），準備明年夏天供貴族享用。

農莊聚落的野人勞役無時，因爲野人是不能自己保有糧食的。豳風七月曰：「九月築場圃，十月納禾稼：黍稷重穋，禾麻菽麥。」莊稼集中到領主的囷倉裏，新糧領主享受，農夫領取去年的積穀，所謂「我取其陳，食我農人」（小雅甫田），所以「野之賦斂薪芻，凡疏材、木材，凡畜聚之物」都上供領主（周禮地官委人）；只有侍候領主打獵時，「載纘武功，言私其豵，于載豜公」（七月），可以保有小件的獵獲物品。周禮所謂「凡得獲貨賄人民（奴隸）六畜者，委于朝，告于士，……大者公之，小者庶民私之。」（秋官朝士）即此遺意。這樣的共同體成員無財產訴訟，唯獵物可能產生一些爭執，周官小司徒只有「斷其爭禽（擒）之訟」。故禮記曰：「問庶人之富？數畜以對」（曲禮下）農莊成員的私產大概只有每家每戶豢養的家畜家禽，因餘糧有限，數目當然不多。野人耕爲莊園主而耕，役爲莊園主而役，收成歸領主，食糧由領主供給，勞役也就無所謂時不時了。

大貴族有多處莊園㊳，有的農莊無貴族住居，只派監理人，這種莊園大概是採取征稅（實物）的方式，周宣王時期的琱生𣪘曰：

止公僕庸土田，多諫（責），弋（柲，必也）白氏從語（許），公宕其參，女剿（則）宕其貳；公宕其貳，女剿宕其一㊴

琱生是召伯的家宰，參則貳即六、四分率，與貳一同樣都是公取三分之二，琱生取三分之一。三分之一的糧食留在莊園歸管家支配，頂多算莊園共同體公有的財產而已。漢書刑法志說，一丘（四邑）賦戎馬一匹，牛三頭；周禮稽查戶口有「馬牛之物」（小司徒）一項，似

㊳ 如卯𣪘，賜田分散四處，敔𣪘三，主人在𢽾和早都有五十田。而在一次賞賜中克的莊園有七處之多：埜、渒、𨛭、康、匽、陣原、寒山。（大克鼎）

㊴ 白川靜，前引書，第三十三輯葉八四五。

皆指共同體公有財產而言。然三分二的稅率是比國人重了，西元前五三九年，晏嬰使晉，與叔向論齊侯失政：「民參其力，二入於公而衣食其一。」（左昭三）以野人的稅法繩國人，難怪國人或逃亡或「歸於陳氏」。

不論莊園主是否採收稅方式，對野人而言是無所謂實物地租或勞役地租的，一切生產以莊園主或農莊共同體爲前提。但國人是自由農，向國君繳納定量的實物地租之餘，收成私有。唯其私有，歉收才向貴族貸糧。西元前六一一年，宋饑，公子鮑「竭其粟而貸之，年自七十以上無不饋詒。」（左文十六）西元前五四四年，鄭饑，公子皮「餼國人，粟戶一鍾。」（左襄二九）於是得民心。同年，宋亦饑荒，平公使貴族皆貸粟於民，「司城氏貸而不書」（左襄二十九）。原來以前借糧寫券契，當然要還，還則表示有私產。國人即使無太多的儲糧，收成可以私有，其身分地位總是自由的。

國人與野人身分地位之差異亦見於免役的規定。周禮地官曰：

> 其舍者：國中貴者、賢者、能者、服公事者；老者、疾者皆舍之。（鄉人）

六十六歲以上的野人，六十一歲以上的國人和疾病者一律免役，而國中還有貴、賢、能及服公事的可以享受免役的優待。周禮還說，凡游惰之人（「無職事者」）都科以「夫家之征」（地官載師），夫家之征就是野人的待遇。這些記載不論眞確程度如何，至少反映城邦時代，野人的身分地位是比國人低的。

以上所論只就典型的國人、野人之差異立言，漫長的時代，遼闊的地域內必有不少特例。唯二者差異的歷史餘影戰國以下猶依稀可見。那時無足輕重的舊貴族被新統治者夷爲「家人」（魯世家、晉世家），孟子理想的稅法仍將國人與野人分開，「野，九一而助，國中什一使自賦。」（滕文公上）長久以來「家人」「夫家」成爲低等人的名稱。據說劉季「常有大度，不事家人生產作業。」（高祖本紀）漢初，轅固在竇太后面前批評老子書是「家人言耳」，惹得太后大怒，使他「入圈擊彘」（漢書儒林傳）。戰國秦漢時代，傳統的農莊聚落已崩解，重組過程中的農民也解放了，但其身分地位低賤的餘影仍留存於人的意識中。

五　論野人非農奴或奴隸

因爲野人的身分地位比國人低，武裝殖民者又「受民受疆土」，致使論者誤以爲野人就是奴隸或農奴，因而推論中國古代是奴隸制或建立在農奴勞動上的封建制㊵。紛擾的爭辯不外削歷史之足以納一己之履，徒增學者混淆。讀者參證前文，對爭論的問題自然一目了然，本書實無再在濁水塘中插一脚的必要，但學者多有曲解史料之嫌，不得不另闢專節申辯。

㊵ 參見歷史研究編的中國的奴隸制與封建制分期問題論文選集，及中國古代史分期問題討論集（一九五七）。文史哲編的中國古史分期問題論叢（一九五七）。

城邦時代的農作勞動者有其特殊的性格，他們與貴族的依附關係不似奴隸對奴隸主，也不似農奴對農奴主㊶。野人非農奴，因爲農奴沒有城邦時代農莊聚落的氏族組織及遺習。說者或將野人比之三國以後的部曲（客），今按，六朝隋唐的部曲，性質固與地主莊園的農奴相近，却不可和野人混爲一談。東漢末年以後，社會動亂，農人避難，離鄉背井，投靠異地的大地主。原只求一時安身之計，還時時刻刻希冀重返家園，故名之曰「客」。但世亂不已，返鄉之望斷絕，既託身於土地領主，求其保護，便須付出相當的代價，爲之服役。世世代代乃爲地主的「客」，寄人籬下，幾同世襲，身分地位乃不能與自由農並齒，所以客也稱爲「僮僕」㊷。部曲與土地領主的關係是個人的，或家的，與城邦時代野人與氏族領主的族的關係不同。史書雖有數百部曲同時轉換領主的現象（梁書張孝秀傳），他們內部並無氏族共同體的凝結性。這是農奴與野人性質最差異之處。

野人亦非奴隸。奴隸古稱「臣妾」，所謂「男爲人臣，女爲人妾。」（左僖十七）晉公子夷吾避驪姬之讒，亡在梁，生一男一女，占卜說，男的將爲人臣，女的爲人妾，故命名曰「圉」、曰「妾」。圉養馬，臣大概是貴族家內執賤役的人，包括隸、僚、僕、臺、及牧牛者

㊶ 參見尚鉞，「先秦生產形態之探討」（歷史研究，一九五六，第一期）。

㊷ 參見宮崎市定「部曲から佃戸へ」（上）（東洋史研究第二九卷第四號）或參讀拙譯，「從部曲到佃戶」（上）（食貨月刊復刊第三卷第九期）。

（昭七）。子圉（晉懷公）西質於秦，他的妹妹果然爲秦的「宦女」。奴隸基本的特性是貴族家內的用人。勾踐敗於會稽，降吳，「請爲臣，妻爲妾。」（史記越世家）他到吳國去是服侍夫差的，並非種田。學者故謂史書全無臣妾從事農業勞動之例㊸，典籍亦無有將臣當做耕田者的㊹。這種看法是對的。

奴隸之所以爲奴隸者是無生命權，驪姬誣陷申生，將胙祭于曲沃的酒肉置毒，呈獻給晉獻公，「公祭之地，地墳；與犬，犬斃，與小臣，小臣亦斃。」（左僖四）小臣與犬的地位相去不遠。西元前五八〇年晉厲公卒於廁，「小臣有晨夢負公以登天，及日中負晉侯出諸廁，遂以爲殉。」（左成十一）這些奴隸的生命毫無保障，不能得到國家的保護，生命是主人賞賜的，主人可予取予奪。重耳流寓在齊，有齊姜爲妻，又有馬二十乘，樂不思晉。從者設法使重耳離齊，「謀於桑下，蠶妾在焉，莫知其在也。妾告姜氏，姜氏殺之。」（晉語四）女奴傳了一句話就賠掉生命，但史書從未見野人任意被莊園領主殺戮的記載。典籍固有一種「隶農」，「雖獲沃田而勤易之，將不克饗，爲人而已。」（晉語一）生產歸領主或共同體公有，然未說「身固公家之財」（呂氏春秋精通）。野人是否即隸農，或隸農只是農作勞動者之一種，史料難徵，我們不能率爾論斷。生命權是示別人民身分地位很重要的一項指標，城邦時

㊸ 宮崎市定「東洋的古代」（下）（東洋學報第四八卷第三號）。

㊹ 沈剛伯先生說。

代奴隸最大的渴求是削去奴隸籍，使生命有所保障。西元前五五〇年，晉范宣子等貴族與欒盈爭戰，欒氏有「力臣」督戎，國人懼之；范氏的奴隸斐豹對宣子說：「苟焚丹書，我殺督戎。」（左襄二十三）宣子指日爲誓，斐豹殺督戎，得到人身自由。而當時統治者號召下階層的才能之士爲自己效勞，也標榜免除奴隸的身分。趙簡子伐齊，軍前誓師曰：「……人臣隸圉免」（左哀二）。

農莊聚落帶著濃厚的氏族社會色彩，成員不能任意遷徙，也不願任意遷徙。閉鎖性社會的時代，外來者總難生根，亂世詩人乃有「此邦之人，不我肯穀」，「不可與明（盟）」，「不可與處」之怨（小雅黃鳥）。聚落雖有封疆之限，里雖有圍墻（詩鄭風將仲子），但和「高其閈閎，厚其牆垣」，「門不容車而不可踰越」的「隸人之垣」（襄三十一）不同。野人聚族而居，生息所在還是他們祖先的田土，要他離開土地幾乎是剝奪他的生命權利。因爲商業經濟未盛，商業都市未起以前，農莊成員捨棄田土就難以謀生了。奴隸則不然，他們以個人或單戶的家做單位，任由主人驅遣。呂氏春秋曰：

> 鍾子期夜聞擊磬者而悲，使人召而問之曰：「子何擊磬之悲也？」答曰：「臣之父不幸而殺人，不得生；臣之母得生而為公家為酒；臣之身得生而為公家擊磬。臣不覩臣之母三年矣！昔為舍氏，覩臣之母，量所以贖之則無有，而身固公家之財也，是故悲也。」（精通）

母子同沒爲奴隸，身不由己，或擊磬，或釀酒，全視主人需要而定。墨子斥戰國諸侯攻伐，係纍人民而歸，「丈夫以爲僕圉胥靡，婦人以爲舂酋。」（天志下）這叫「身爲公家之財」。農莊共同體的主子是貴族領主來到農莊，建立莊園，以征服者的姿態宣布土地人民爲其所有，他們又得到周天子或各國公侯的認可。其役使野人和奴隸主之驅使奴隸大異其趣，由下章論采邑莊園之「假氏族血緣聯繫」（Pseudoclanship）可以得到輔證。

主張西周及春秋奴隸制者最堅實的證據是周金銘文賜土賜人的記載。然細繹銘文，同樣賜土賜人固多區別，不能不辨。就已知彝銘勘判，周王賞賜奴隸的規模都很小。有一次周王行籍田禮回來，

> 王駿，濂仲廙（僕）。令眔奮先馬走。王曰：「令眔奮，乃（若）克至，令（余）其舍女臣十家。」㊺

令任前驅，無甚功勞，其賞十家，尚猶可說。[illegible]毀曰：

㊺ 郭沫若，兩周金文辭大系考釋，「令鼎」。三代四・二七〇。

王曰：「虢，命女嗣成周里人，眔者（諸）侯大亞，𡨴（訊）訟罰，取遺五寽。易女尸（夷）臣十家用事。」㊻

成周要都，治理國人及諸侯而且負責斷訟大事㊼的官吏只賜給奴隸十家，似乎西周錫人的規模是不大的，耳尊亦曰：「易臣十家」，其他甚至有少至五家（不嬰𣪘）或四家（幾父壺）者。這種賜人恐怕只是供貴族家內使喚的奴隸，不事農耕的，和叔德得到的「臣嬯十人」（叔德𣪘），及白大師賜家臣白克的「僕卅夫」（伯克壺）一樣。僕是駕車的，令鼎曰：「溓仲僕」，專門服事貴族；而貴族廷中養些少數的「夷臣」「姜（羌）臣」，亦猶後來的崑崙奴，都不能當農業勞動者看。

金文賜人之例，唯麥尊有賜二百家的記載。銘曰：

雩王才（在）𣂔，已夕，侯易者（諸）𡚬臣二百家。

㊻ 白川靜，前引書，第二十五輯。下引耳尊，見第十輯，不嬰𣪘見第三十二輯，幾父壺見第三十三輯，叔德𣪘見第十輯，伯克壺見第二十八輯。

㊼ 曹劌因魯莊公小大之獄能平才斷定魯可與齊戰（左傳），斷獄之重要且列在軍戎與祭祀之上，而子路也因善析獄，使孔子大加讚賞（大學）。

「臸臣」，或曰「虎臣二百人」，或曰「拱衛之臣二百家」，大概就如秦穆公送重耳返晉的「紀綱之僕三千」⑱。西元前五六五年齊叔夷滅萊，靈公賞他「馬車戎兵釐（萊）僕三百又五十家，女台（以）戒戎攸（作）。」（叔夷鐘）「以戒戎作」的戎兵萊僕和虎臣自然不可視爲奴隸或土地勞動者。

武士可賞，故知錫人的記載不能完全看做賞賜奴隸。宜侯夨𣪕曰：

隹四月，辰才丁未，□□珷王成王伐商圖（鄙）。徣省東或（國）圖（鄙）。王〔立〕于宜〔宗土（社）南〕鄉，王令虎侯夨曰：「繇，侯于宜。……易土、厥川三百□，厥□百又□，厥□邑卅又五，厥□百又卌（四十）。易才宜王人〔十〕又七生（姓），易奠七白，厥𠂤（盧）〔千〕又五十夫，易宜庶人六百又□六夫⑲

周王賜宜侯的有田土、有村落，有人民，又值周初伐商之後，這是「封」國。如果說賜的人都是奴隸，奴隸不能有姓，也無稱「在宜王人」「宜庶人」的道理。「奠」即鄭，也許鄭七伯及千又五十個農夫是被遷於宜的鄭地殷雄族及所屬的野人⑳，一如魯衛殷遺之「帥其宗

⑱ 參見白川靜前引書第十一輯葉六三八—六三九。虎臣，拱衛之臣係白川引古文審及文錄之說。

⑲ 白川靜，前引書，第十輯。亦參郭沫若，「夨𣪕銘考釋」（考古學報，一九五六·一）；唐蘭，「宜侯夨𣪕考釋」（考古學報，一九五六·二）；陳夢家，西周銅器斷代，葉二九—三一。

⑳ 參見白川靜，「殷代雄族考—鄭」，甲骨金文學論集（朋友書店）。

氏，將其類醜」。所謂錫土賜民，大概只是周天子將征服地區畫歸在武裝殖民者的統治下而已。在宜王人和宜庶人的地位等於國人，鄭七伯的地位或更高些，廬是野人，皆非奴隸。參證前文，奴隸之辯，自然消歇。數百年後，齊靈公賞給叔夷的「釐都𦐰劃三百県」（叔夷鐘），及齊侯賜鮑叔又成的二百九十九邑（𦉜鎛），都是貴族的莊園采地。如果必要說成貴族將領民奴隸化，和莊園采邑的性質就互相牴觸了(51)。

大盂鼎是奴隸論最大的根據，鼎銘記載大量賜人的事件。曰：「邦𤔲四白，人鬲自馭至于庶人六百又五十又九夫」，「夷𤔲王臣十又三白，人鬲千又五十夫。」也錫土：「遂□□自厥土」。我懷疑這些人夫是盂祖南公的領民的後代，而人盂鼎銘所記只是禮法上的再分封而已。南公周初重臣，銘文起始有一大段文字歌頌文武之德及克殷故事。周王說他要效法文武之重用南公而重用盂，「今余隹令女盂𦤎𡔷（輔相），苟（敬）雝德巠（經），敏朝夕入讕……」，同時囑盂「井乃嗣且南公」。南公在周初賞有廣土衆民，本文推測大盂鼎的賜人數是南公領民的後裔，其理由有三：

(1)大量錫土賜民除周初「封建」外，金文無見。金文賞賜的通例皆十家以下。

(2)本鼎只述祖先功德，未表盂的功績，似不可能一下子賞無功者幾千人；大盂鼎和小盂鼎雖同屬一人(52)，就小鼎記載，盂在一次伐𢦏（鬼）的大戰中，立大功，俘虜萬餘，這樣

(51) 詳見下章。

(52) 參見白川靜，金文通釋第十二輯。葉六八二—七一八。王國維，「小盂鼎跋」（觀堂別集，卷二）。

以戰俘大量賞賜功臣是可能的。但賞戰俘，「賜夷嗣王臣」猶可說，至若「錫女邦嗣」就難解了。而且大鼎賞賜在王廿又三祀，小鼎戰爭在王廿又五祀，時間不符。

(3)周貴族世官有代代再封的禮法，本鼎說：「昜乃且南公旂，用狩，昜女邦嗣四白……」，邦嗣四伯諸人的賞賜可能也和南公的旗幟一樣，代代傳下來的。

通論古代社會性質貴在識其大體，古代社會是不是奴隸制要從社會結構及生產方式去解析，一、二條史料實無法論定叢脞複雜的社會。也許土地勞動也有奴隸擔任的，如曶使五夫「處氒（厥）邑，田〔氒〕田」（曶鼎）。但今日所知的文獻判斷，奴隸耕作不是普遍的現象，農莊土地勞動者主要還是野人，其地位固然比國人低，但自有特殊的性質，與農奴或奴隸皆不相類。

第四章　貴族世官與采邑世祿

周初以下至戰國以前的五百餘年間，中國城邦時代的政治可以說是貴族政治。本文嘗試證明這觀點，更進而探究中國貴族政治的本質，及其社會經濟基礎。

一　城邦時代統治階級的核心——世襲貴族

(一) 世官制度

周人僻處西陲，一旦統有廣大土地和衆多人民，因循氏族共產之習，「封建」武裝殖民者，「邑別」（周本紀）以「分治」，其行政機構亦脫胎於氏族酋長與元老之舊制，由貴族世代執政，謂之「世官」。諸侯列國亦由公子、公孫輔政。季友將生，魯桓公卜，曰：「在公之右，間于兩社，爲公室輔。季氏亡則魯不昌。」（左閔二）於是季氏這系貴族乃與魯公室並存，歷史更證明，季氏愈昌，魯公愈亡。世官制度造成彊宗大族，終至有尾大不掉之勢。

城邦時代的貴族世官，戰國以後的禮家却說成宗法。古代非無宗法，但那只是殖民地與母國的血緣和精神的聯繫①，如果認定宗法是金字塔式的宗族結聚，秩次井然，又比附在政治實力上，恐怕不中眞象。禮記喪服小記曰：

> 別子為祖，繼別為宗，繼禰者為小宗。有五世而遷之宗，其繼高祖者也。是故祖遷於上，宗易於下。

禮記大傳亦曰：「有百世不遷之宗，有五世則遷之宗。」嫡系長子的後代永不滅絕，叫「百世不遷」的大宗，如代代皆非嫡長子，五代之後親就盡了，親盡則毀廟，這叫「五世則遷」的小宗。故禮家說：「四世而緦服之窮也，五世祖免殺同姓也，六世親屬竭矣。」（大傳）這番道理說來雖然圓滿周到，但「禮」離不開社會而獨立存在，尤其城邦時代，禮更是維繫社會的動力。城邦時代的貴族政治不盡如禮家所論大宗小宗及六世親盡之義。如宋國的華氏，屬戴族，戴公是西周宣、幽時代的人，其子孫代有執政，華族壯大，歷春秋之世而

① 參見松本光雄，「中國古代社會に於ける分邑と賦について」（山梨大學藝學部研究報告，第四號）。

不衰，到春秋末年還發動大規模的政變。宋是殷商之後，或不行周法，然以「周禮盡在」的魯國，三桓的春秋經第二主（第一代）桓公之子，莊公之弟，對魯公而言是小宗，到春秋經第十二主的哀公，早在六世之外了，然三桓勢力彌久彌盛，終代魯公而有其民。依禮家親盡的宗法理論，諸侯嫡長子一系百世不遷，執政的大夫則世世變遷，大體上是很符合秦漢以後中國人的政治體制的，却非城邦時代的現象。其實只要「宗法世遷」徹底實行，就不可能產生強宗大族，故論城邦時代貴族政治的基礎應著重於世官，而非宗法。

周人「翦商」有一段艱苦的歷程，文王時代「三分天下有其二」，係就文德而言，武王第一次伐紂仍然半途而返。在艱苦的過程中，賴同氏族統治階級和同盟部族鼎力合作，終於敗殷，爲天下共主。天下之攫取，國家之締造非一人之功，天下也非一人之天下，再秉承氏族遺習，於是或行分封，或襲世職。彔伯𢦏𣪕曰：

王若曰：彔伯𢦏，繇。自乃且（祖）考又𠭯（勞）于周邦，右闢（佑闢）四方，叀圅（惠弘）天令……②。

② 白川靜，金文通釋，第十七輯。三代九・二七。

詢𣪘記王告詢曰：「則乃且奠周邦」。二𣪘皆明確祖述先人締造周邦的功績。大盂鼎的南公，武成朝的人物，我懷疑也是一位功臣，可能是周初的南宮兄，伐過虎方（中甗二），師於寒餗，王賞以褭土（中甗一），且參與王省公族的大典（中觶）。周初建國時，他們或「受民受疆土」，或擔任要職，子孫繼承餘蔭，世世罔替，所以金文常見「井（型）乃且」「則乃且」或「叀（更）乃且考」之類的語句。除效法祖先之德以對周室盡忠外，還指繼承祖先的官職。周金銘文載述極詳：

〔王〕若曰：舀，令女叀（更，繼也）乃且考嗣（司）卜事（舀鼎）。

册令舀曰：叀乃且考，乍冢嗣土于成周八自（舀壺）。

册命師酉，嗣乃且啻官邑人、虎臣、西門尸（夷）、㚇尸、秦尸、京尸、畀身尸（師酉𣪘）。

册命嫠曰：叀乃且考嗣輔（輔師嫠𣪘）。

用嗣乃且考事，乍嗣土（郃曶𣪘）。

令女更厥考服（趩尊）。

禮器銘文又多以「子子孫孫永寶用享」作結。城邦時代禮器代表身分階級與職位，子孫代代可享用禮器，其職守或地位也是代代傳下去的。

職守身分的傳遞，禮法上由「再封」的禮儀予以承認。原來貴族的職官是周王授予的，授受雙方有一方改變時，又須舉行一次授職典禮，可以稱爲「再封」。師虎毁曰：

王若曰：「虎，截先王即令乃取（祖）考事，啻官嗣左右戲緐荊。今余隹帥井先王令，令女更乃取考，啻官嗣左右戲緐荊，苟（敬）夙夕。」③

師虎之職不知傳了幾代，先王封師虎繼其祖考官職，今王新即位，又封師虎，把官守重申一遍。再封禮儀也許又表示新的隸屬關係。善鼎亦曰：

王曰：「善，昔先王既令女（汝）左（佐）足龔侯，今余唯肇讟（承繼也）先王令，令女左足繳侯，監繳（豳）師戍，易（錫）女乃且（祖）旂。④

蔡毁、牧毁、師類毁皆有類似的記載，由此推斷，上文徵引則嗣乃祖之類的銘文，大概是貴族去世後，王對其子之再封。苟無罪過，職官不會遭褫奪，所以盂的父親早世，他在幼沖之

③ 白川靜，前引書，第十九輯。本毁大概屬於西周中晚期之器，郭沫若、容庚、陳夢家、董作賓和唐蘭斷在共王，吳其昌以為屬孝王，日人樋口隆康以為屬宣期，吳大澂以為宣王時代。

④ 郭沫若，兩周金文辭大系考釋，「善鼎」。

齡就繼承顯職⑤。中國城邦時代再封禮儀的意義今已不甚了解，也許世官制度因爲再封而更趨穩固。西周數百年，權勢貴族非無變易，但得勢的貴族仍然世官⑥。王國維論殷周制度曰：「天子諸侯世，而天子諸侯之卿、大夫、士皆不世。」⑦和禮家之論同樣錯誤。王氏又說：「世卿者，後世之亂制也。」其實貴族世官，西周已然，不待春秋。或謂大多數强宗巨室不見於春秋初期，屢世赫奕的大族是春秋時代積累成的⑧。然從再封禮推測，周初以降就很有產生强宗巨室的可能；列國情形因史料殘闕，今難確指，但從若干典籍尋其蛛絲馬跡，列國的强宗恐怕也非春秋始然。南方的楚國，周厲王以前熊延弒兄摯之子代立⑨；宣王初，熊霜三子爭立；春秋初年熊通弒侄自立爲武王（楚世家）。東方的齊國，厲王前薄姑派的胡公與營丘派的山爭立，兩派鬥爭歷三代，達數十年之久（齊太公世家）。中原的晉國，曲沃桓莊之族攻擊翼都的嫡系，終有晉國。這些都可證明貴族勢力坐大早在春秋以前的。參證周

---

⑤ 郭沫若，前引書，葉三四，「大盂鼎」補釋。

⑥ 參見白川靜，詩經（中央公論社，一九七〇）第五章「貴族社會繁榮與衰落」，或拙譯「詩經研究」（幼獅學術叢書，一九七四）及氏著金文の世界（東洋文庫，一九七二），第六、八、九章。

⑦ 王國維，「殷周制度論」（定本觀堂集林）。

⑧ 許倬雲，「春秋戰國間的社會變動」，（收入氏編中國上古史論文選輯）及氏著 Ancient China in Transition, (Taipai, 1971) "Chp.2 Changes in Social Stratification"。

⑨ 史記會注考證「楚世家」引梁玉繩史記志疑。

金所見之周王室的世官制度，及周人氏族社會遺習的「分封」與共治，列國貴族參政可能也是代代相傳的，而且勢力頗大。叔孫豹故曰：「保姓受氏，以守宗祊，世不絕祀，無國無之。」（左襄二十四）大概也就是禮記所謂「大人世及以爲禮」（禮運）之意。

（二）巨室政治

氏族社會發展到後期有統治者與被統治者的區分，統治者呈集團性，政事非一人一王所得專，由集團共理，猶之乎西洋古典時代的元老院，有政事成員與共之遺意，唯成員限在少數集團而已。周人的世官制度與氏族集團互爲表裏，代代執政本於氏族共治之習，而氏族的存在也仰賴於代代之把持官守，故曰：「弃官則族無所庇」（左文十六）。這就是孟子說的「世臣」（梁惠王下）。如前所論，禮家宗法之說本非城邦時代的眞象，城邦時代掌權的氏族都盡量把持既得的權益，同氏族的成員不輕易排斥於權益圈之外，故魯有三桓，鄭有七穆，原先都是兄弟，宋的華氏當權的更多。所謂「政則寧氏」是擧全氏族而言的。於是城邦時代的貴族政治，在縱的世官制度，代代傳承之餘，又有橫的氏族集團。他們的勢力龐大，每可與國君抗衡，「家」和「國」通常是並稱的。鄭國的史記曰：「安定國家，必大焉先。」（左襄三十）要城邦存在，須先扶植大貴族，難怪魯國的襄仲很驕傲地說：「不有君子，其能國乎？」（左文十二）貴族也以「用[illegible][illegible]（綢繆）奠保我邦我家」（叔向父禹𣪘）自命。這種氏族集團古人稱爲「巨室」，所謂「爲政不難，不得罪於巨室。」（孟子離婁上）「天下之本在國，國之本在家」（離婁上）巨室自有政治資本，不是國君諸侯能貴能賤的。

城邦時代的貴族有力也有權廢立國君，這是氏族社會的遺習，不能一概以「亂臣賊子」目之。孟子答齊宣王問卿，仍「有貴戚之卿，有異姓之卿」的分別（萬章下），貴戚之卿可以變易國君的，尤其羣公子爭立時，貴族的左右力量更大。齊襄公死，諸公子爭立，公子小白流亡在莒，靠國內的兩大貴族「高、國內應，故得先入立。」（齊太公世家）晉獻公逝世，奚齊、卓子即位，先後為貴族所殺。由貴族決定迎立重耳或夷吾，重耳知貴族勢大，不願當傀儡，拒絕；夷吾熱衷，甚至以汾陽之田百萬賂里克，負蔡之田七十萬賂丕鄭，乃得入立，是為惠公（晉語二）。晉厲公多外嬖，鄢陵戰後「欲盡去羣大夫而立其左右」（左成十七），反為貴族所殺。貴族迎立流寓在周的周子，這是周子夢想不到的。他怕貴族動輒擅權廢立，入晉之前與他們約誓，曰：「人之求君使出命也，立而不從，將安用君！二三子用我，今日；否，亦今日。」（左成十八）貴族立君而廢君不一定是變制，城邦時代「國」的政治原本操在氏族貴族集團之手，國君不過貴族之一而已。國君不能勝任，往往自動讓位。西元前六四二年，邢人、狄人伐衛，圍菟圃，「衛侯以國讓父兄子弟」（左僖十八）。春秋末葉，衛靈公與晉使訂盟，遭辱，告大夫曰：「寡人辱社稷，其改卜嗣，寡人從焉。」（左定八）是貴族有卜嗣立君之權，而「父兄子弟」亦有被卜的資格。所以魯昭公終身流亡在外，季氏拉攏追隨他的子家子一同立公子宋（魯定公），子家子曰：「若立君則有卿士大夫與守龜在，羈弗敢知。」（左定元）雙方政治立場不同，但承認貴族有立君之權是一致的。

干與國君廢立是貴族氣燄高漲的絕好的指標，由此可概其他的政治活動。貴族巨室秉承氏族遺習，將同氏族的成員搏凝成爲堅實的集團。氏族共同體無個人的存在，個人也不怕受到共同體以外的威脅：存在是整體的存在，威脅也是整體的威脅。威脅成員之一即等於威脅整體。鄭貴族孔張在外交禮儀中失禮，子產無法責備他，因爲「孔張，君之昆孫，子孔之後也，執政之嗣也」，不得「恥之」（左昭十六）。同氏族的成員也一致對外的，如果破壞集團的一致，必得不到諒解。宋平公逐右師華合比，合比奔衛，其弟亥代右師之職。左師向戌曰：

女（汝）夫也人亡，女喪而宗室，於人何有？人亦於女何有？詩曰：「宗子維城，毋俾城壞，毋獨斯畏。」女其畏哉！（左昭六）

只有在氏族集團的護衛下，貴族個人的權益才得保障，背棄氏族，自己就孤獨，孤獨便危險。華亥不幫兄長，貪右師之職，反而站在其兄死敵——宋公一邊，向戌斷定必遭宗人所棄。十四年後，華亥果然奔陳。西元前五二二年，宋華氏叛亂，連續三年，或在宋國內部的華氏氏族發動，或流亡在外的氏族借外力入侵，裏應外合，氏族共存亡的集團性表露無遺。楚令尹子越初生，伯父子文就看出若敖氏會毀在他手裏。子文臨終，「聚其族曰：椒（子越）也知政乃速行，無及於難。且泣曰：鬼猶求食，若敖氏之鬼不其餒而！」（左宣五）後來子越攻楚王，敗，若敖氏遂滅。晉貴族欒氏、羊舌氏，及稍後的范、中行、知等氏族之興衰起落，都看出氏族集團共榮共滅，步調一致。舟之僑知虢不能久「以其族適晉」。（晉語二）魯慶封奔吳，「吳句餘予之朱方，聚其族焉而居之，富於其舊。」（左襄二十八）是一起流亡的。

强宗巨室各有淵遠流長的族譜，眞實性固難確定，但當時大貴族必都有一段榮耀的族史。叔孫豹如晉與范宣子論「死且不朽」之義，宣子便背出一大段的譜系來：

> 昔匄（宣子名）之祖自虞以上為陶唐氏，在夏為御龍氏，在周為唐杜氏，晉主夏盟為范氏，其是〔不朽〕之謂乎（左襄二十四）？

宣子想他死後也可以如先祖一般直傳下去，這就是「不朽」了。這種不朽的觀念必普遍存在於貴族之間，叔孫豹以立德、立功、立言爲不朽倒反而是新義。城邦時代的大貴族有淵遠的譜系，有强大的宗室，又有代代承襲的官守，他們自成一股勢力，非國君所得貴賤。以管仲之功高，因爲不是氏族貴族，自稱「賤有司」、「陪臣」，不敢與「國之二守」——高子和國子並齒（左僖十二）。直到春秋末年，孔子雖因管仲捍衛華夏文化有功而許其仁，但管氏有三歸，責他「不知禮」（論語八佾），也因爲管仲不是氏族貴族的緣故。强宗大族的力量非一天培植出來，也不是一天可以掃蕩淨盡的，孟子在戰國中期還警告國君起用下層才智之士非審愼不可，不得已才用，以免「使卑踰尊，疏踰戚。」（梁惠王下）據說當時「巨室之所慕，一國慕之」（離婁上），故爲政不可「得罪於巨室」。這時巨室的氣燄猶能炙人，城邦時代的景況更不用說了。他們的身分地位，正如鄭子產所說，「爲嗣大夫，承命以使，周於諸侯，國人所尊，諸侯所知。」（左昭十六）國內國外都有地盤和勢力基礎。而且「立於廟而祀於家」，有牢固的血緣聯繫；「有祿於國，有賦於軍，喪祭有職，受脤歸（饋）脤」，掌握國家的軍政大權。他們與國君的關係非父兄即子弟，所以「其祭在廟，已有著位，在位數世，世守其業而忘其所。」這種地位如果政治體制、社會組織或經濟形態不變，是可以「不朽」的。這樣的巨室政治也不可能開放政權，使平民晉升當政⑩。

但氏族集團（巨室）結合世官制度所飾演的氏族貴族政治，其實力基礎主要還是建立在采邑莊園上。

二　貴族政治的基礎——采邑莊園

（一）　采邑世祿及其權益的二重性

叔孫豹聽完范宣子的數千年宗譜後，淡淡地說：「此之謂世祿，非不朽也。」范宣子述「世官」，叔孫豹卻說「世祿」，因爲城邦時代世官世祿分不開，所謂「仕者有世祿」（孟

⑩　有人懷疑春秋初期楚國的政權就開放給平民了，舉俘虜觀丁父與彭仲爽爲例。其實二人皆申的貴族，那時尚無平民領兵之例，不可與春秋戰國之際以後的平民晉升混淆。說者之論參見文崇一的楚文化研究（中央研究院民族學研究所，一九六七）第三章「楚的政治組織」。

子梁惠王下）。周人拓殖，「授土」「授民」（左定四），斯後周王亦常錫田。賜卯「于乍一田，于宮一田，于隊一田，于截一田。」（卯𣪘）賜敔「于敜五十田，于早五十田。」（敔𣪘三）公侯也賜田給家臣，如伯氏錫不嬰「田十田」（不嬰𣪘）。這些賞賜的田土都世襲，城邦時代貴族的官守和采邑互爲表裏，官既世官，祿自然也就世祿了。孟子爲滕文公籌策立國規畫，還主張「卿以下必有圭田」，以「野人養君子」，孟子叫做「分田制祿」（滕文公上）。大概孟子這番規模有「滕固行之」的「世祿」做底子的。

貴族的采邑莊園往往不只一處。如上引銘文，一次賞賜，卯得三處莊園，敔的一百田也分散在兩處。師華父之孫克、周王命他出納王令，一次賞他七處莊園：「易（錫）女（汝）田于埜，易女田于渒，易女井家㝅田于㽙，𠂤（與）氒（厥）臣妾，易女田于康，易女田于匽，易女田于陾原，易女田于寒山。」（大克鼎）與克同時有位𢦚从，與章、𧻚二人交換邑，這在同日𢦚从的田有十三邑（𢦚从田日十又三邑），即旃、𪤴、𨛜、𧻚、𢘅言、彶、句商兒、讎、𧃒、棥、才、州和瀘。⑪這些莊園是毗鄰或分散，因爲地名無考，不能詳。有的記載不書地名，只記人數，如周初王姜賞令「鬲百人」（令𣪘），盂有「人鬲自駿至于庶人六百又五十又九夫」（大盂鼎）。城邦時代農莊聚落小，這等人數當不只一箇莊園吧。

世官世祿雖二實一，城邦時代有再封禮以續官守，照道理再封時也意味官祿之再承認。

---

⑪ 郭沫若，兩周金文辭大系考釋，「𢦚从盨」。

如伯晨鼎曰：王命䡴侯白晨曰：「嗣（嗣）乃且考，侯于䡴」⑫。周王使白晨繼承其祖考，據有䡴地。大概貴族「受民受疆土」後，如非犯罪削封，或爲强家侵奪，領邑是永久佔有的。貴族靠著「大官大邑……庇身」（左襄三十一），領邑不但是貴族的經濟基礎，也是「保族宜家」的政治資本。那時的經濟形態以土地經濟爲主，貴族無采邑田土則難以維生。伯氏的駢邑爲管仲奪後，就「飯疏食」，和平民一樣不能吃肉了⑬。

官祿和田土不可分，主要因爲城邦時代，大凡官守都以田地代俸祿，支付穀物的薪俸制度尚遠在春秋末期、舊貴族沒落、新士人興起時才產生呢⑮。當時貨幣稀缺，即使無其他傳統的習俗或觀念束縛也無法以薪俸支祿。然周金頗有「寽」的文字，論者以爲即「薪俸」⑭，

---

⑫ 白川靜，前引書，第二二輯葉二九。

⑬ 古代非貴族大概難得吃肉，肉食才變成貴族的標幟，曹劌所謂「肉食者鄙」，是把吃肉的看成一個階級，劉向說苑有「肉食者」與「藿食者」之分（卷十一），是把吃肉的和吃菜的分成兩個階級。孟子理想的仁政，平民七十歲才能吃肉呢！

⑭ 郭沫若曰：「寽數以毛公鼎之卅寽爲最多，其次則番生毀之廿寽，又其次則均是五寽。而五、廿、卅均爲五之倍數，此中恐亦有若何之關係。……『取儥若干寽』，蓋言月取若干以爲薪俸也。」見兩周金文辭大系考釋，「趞鼎」。

⑮ 以貨幣支薪起源甚晚，中國向來以穀糧計薪，如二千石、六百石等。管子小匡曰：「賦祿以粟。」春秋末期，楚右尹「子干奔晉，從車五乘，叔向使與秦公子（鍼）同食，皆百人之餼。」（左昭元）子干與公子鍼皆亡命來晉者，無采邑，領百人之餼，亦猶祿也，領的是穀糧。戰國初，墨子推薦學生到衛國任職，薪俸以盆做單位，（墨子貴義）可見拿的是糧食。

恐不的。也許金文的「取𧷸若干寽」當與「易貝若干朋」相類，同屬賞賜物品。商業經濟未發達時，貨幣供應量小，只能偶而賞賜，不足按時發給。城邦時代固非全無商業活動，商人「肇牽車牛遠服賈」（尚書酒誥），營國際貿易；農莊共同體間也有「氓之蚩蚩，抱布貿絲」（衛風、氓），以流通異地的物品。何況貴族有武備，要馬匹、刀劍、弓矢、甲冑及戰車配件的原料——銅和錫等金屬，這都不是各莊園城堡能供應的。貴族賞鍰賜貝，大概爲購置戰備，而非通常的薪俸。師旅衆僕不從王征，白懋父處罰鍰三百寽，他們出不起（師旅鼎）。既是戰車車士，當包含不少貴族。一支包含貴族的軍隊出不起三百寽，可見錢幣是相當稀罕的。周王賜錢，數量多在三十寽以下，原因亦在此。這樣的經濟條件自然無法產薪俸制度，而出之以大小「封建」。

貴族世祿的領邑金文或稱曰「采」，論者以爲采地與賜土的性質不同：後者有完全領有權；前者只有使用受益權，也許僅限於徵收租調，王室仍保有土地最後的所有權⑯。今按，舊注官地爲采，能其事者食其地亦謂之采（爾雅釋詁注疏）。韓詩外傳曰：「古者天子爲諸侯受封，謂之采地。」封其地，爲領主，食彼土之毛，故爾雅曰「尸，采也」。⑰是金文的「采」和賜土原無二致。趞卣曰：「易趞采，曰趞。」賞趞地給趞作采邑。中方鼎（一）亦

⑯ 白川靜，前引書，第五輯，葉二〇二。

⑰ 引陳夢家說。見氏著西周銅器斷代㈡，葉一〇〇。

曰：「今兄畀女（汝）裛土、作乃采。」賞裛中土，也是采地。禮記明言：「諸侯有國以處其子孫，大夫有采以處其子孫。」（禮運），采和國同樣可以世襲，二者之異大概是采的範圍較小而已，如邑之類，不夠資格稱「國」，故曰「采地（邑）」。

封地有領有權和受益權二重性的瓜葛。就理念言，不論封國或采地，土地最後的領有權都屬於周天子，詩人說：「溥天之下莫非王土，率土之濱莫非王臣。」（小雅北山）所以封臣不能私自交易賜土，除非經過領主的同意或認可。如鬲从盨記貴族交換邑里，周王派史官典錄其事⑱。散氏盤亦記載矢人侵害散氏田土，將眉地的一部分及井邑之田割讓散氏，以資賠償。雙方派人定界立誓，銘文之末曰：「厥受（授）圖矢王于于豆新宮東廷。厥左執⿰糹要（要），史正中農。」⿰糹要，即契約書。經界既定，誓約既立，乃授疆里之圖于矢王，由左執券的史正官仲農書記監證⑲，授圖者自然是周王。理論上只有周天子才是眞正的地主，但一旦授出田土，領受的封臣則有權保有封土，不能任遭取奪。周王將趞睽的里轉賜給大，王派膳夫豖對趞睽說：

> 余既易大乃里，睽賓豖章帛束。睽令豖曰：「天子，余弗敢⿰嗇攵（吝）。」⑳

⑱ 參見郭沫若，前引書，「鬲从盨」。
⑲ 參見郭沫若，前引書「矢人盤」；及白川靜，前引書，第二四輯。
⑳ 參見郭沫若，前引書「大段」。

贈璋帛儐物似表示嬰接受周王之令。采邑可以轉移，但非經合法的程序不可。如果最高領主㉑永遠維持最强的武力，這種法律理念上的權威自然不受動搖，事實却不然。西周以下，王室日衰，諸侯坐大，而列國情形亦相彷彿，旁支逼迫嫡系，土地權益大抵取決於實力。陳桓子討好貴族，「凡公子公孫之無祿者，私分之邑。」（左昭十）他勢大力强，土地轉移可以不經其領主（齊侯）的同意。理念權威既已旁落，不合法的奪邑往往產生流血的後果。

春秋初葉，周惠王叔父王子頹作亂，主因是王取子頹師傅之圃，取邊伯之宮，又奪子禽、祝跪與詹父之田。於是西元前六七五年「五大夫奉子頹以伐王」（左莊十九）。春秋時代多因奪田而叛亂的事件。魯閔公之傅奪大夫卜齮田，閔公不處理糾紛，終爲卜齮所殺（左閔二）。楚平王爲令尹時，「殺大司馬**薳**掩而取其室（采邑），及即位奪**薳**居田，……又奪成然邑」，故**薳**氏之族「因羣喪職之族」作亂。平王在這次政變中自縊而死（左昭十三）。田邑被奪者不惜犧牲一切，孤注一擲，出之以叛亂。因爲失邑失田則財源斷絕，淪爲「疏食」者；同時職守喪失，權勢亦盡，等於剷掉貴族的身分。**薳**氏叛楚，所因「喪職之族」也就是室邑田土被奪之人。晉國的情形亦不例外。范文子批評晉厲公說：

㉑ 西歐中古封建有 Lord 和 Vassal 之分，中國城邦時代，諸侯的身分既為 Lord 也是 Vassal，今造「最高領主」一詞以表示只具 Lord 之身分者，即 Overlord，或對相身分之時。

大其私暱，而益婦人田，不奪諸大夫田則焉取以益此？諸臣之委室（采邑）而徒退者將與幾人！（韋註，言必多也。）（晉語六）

厲公「侈，多外嬖。」外嬖擅權，厲公「欲盡去羣大夫而立其左右」（左成十七）。這就是魯大夫子叔聲伯所謂的「去舊」而「立新家」（魯語上）。新家大概都是厲公的「私暱」，其田土奪自於大夫「舊家」。貴族面臨內外嬖奪田奪權的威脅，先下手爲强，發動政變。厲公被欒書、中行偃所弒，一輛車陪葬，淒淒涼涼不成國君禮數。

西周以降，采邑莊園主的佔有受益權就不可隨意被剝奪，春秋之世更甚。伯氏駢邑遭奪，事隔二百年，孔子還嘖嘖稱贊管仲，能使伯氏「飯疏食，沒齒無怨言。」這在城邦時代是很特殊的現象。不僅大夫的莊園不可奪，私暱亦然。晉國郤氏勢如中天之日，郤錡奪夷陽五田，郤犨與長魚矯爭田，執而梏之，終落得三郤陳尸於朝（左成十七）。領邑佔有與受益權之神聖性是當時公認的禮法，國君奪大夫田邑而被殺，不能單純地解釋爲貴族專權或坐大。春秋末季，霸主晉的執政「范宣子與和大夫爭田，久而無成。范宣子欲攻之。」先徵求朝中貴族的意見，除叔魚（叔向弟）外無贊同者，都直接或間接地反對。叔向推介宣子問他的「家老」訾祏，祏論晉國歷代執政成功的原因，最後勸告范宣子說：「非（恨）和……將何爲治？」（晉語八）執政硬奪采邑，破壞禮法，國即亂。以一小小的大夫敢與執政「久爭田」，貴族又不直執政所爲，可見領邑的佔領受益自有傳統的禮法在，不隨便被褫奪的。「

溥天之下莫非王土」，只是一句空話，矛盾滑稽㉒，早沒人理會了。甚且以領邑權益之承認與否測國家興亡。潞國相酆舒「奪黎氏地」，晉人批評他「怙其儁才而不以茂德，茲益罪也。」（左宣十五）晉乃有把握滅潞。

根據禮法權益，采邑莊園不能任遭侵害，但「分室」「爭田」幾乎無世無之，而且時代愈下侵奪的現象愈激烈，這種侵略行為多起於貴族的鬥爭。齊崔杼殺高厚而兼其室（左襄十九），陳氏、鮑氏敗欒施、高彊而分其室（左昭十）。楚申公巫臣取夏姬奔晉，子重、子反殺其族而分其室（左成八）。先殺滅貴族再瓜分或吞併其田土。貴族自身難保，自然顧不得采邑莊園。但城邦時代領邑的權益雖介乎空洞的最高領主所有權與實力鬥爭行為之間，最正常的還是神聖不可侵犯的佔有或受益權。和大夫敢與范宣子久爭田的事件最能透漏這層歷史意義。

（二）采邑莊園的「假氏族血緣聯繫」(Pseudo-clanship) 及都邑的獨立性

貴族到農莊拓殖，築邑以居以守，所屬的農莊就是他的「莊園」。農莊共同體的凝結性很強，禮法又賦予莊園領主不可侵犯的佔有權，采邑莊園乃成為近乎獨立的小封國。莊園內

㉒ 戰國策曰：「溫人之周，周不納，客即對曰：主人也。問其巷而不知也，吏因囚之。君使人問之。……對曰：『臣少而誦詩。詩曰普天之下莫非王土，率土之濱莫非王臣。今周君天下，則我為天子之臣，而又為客哉？故曰主人。』君乃使吏出之。」（東周策）

統治與被統治階級的裂痕也許不深，故成員每每與領主採取一致的步調，他們相互關係的密切程度當然因人、因時、因地而略有差異。大體上安定時代，「君子尚能而讓其下，小人農力以事其上」，如果「君子稱其功以加小人，小人伐其技以馮君子」，那便是「亂」的象徵了（左襄十三）。其實城邦時代，采邑是貴族和國君或其他貴族政爭的資本，不可能一味壓榨農莊成員。故趙簡子使尹鐸治晉陽，鐸請問治理的態度，「以為繭絲乎？抑為保鄣乎？」是要剝削人民以富益貴族？還是保護人民，以人民的利益為先？簡子曰：「保鄣哉！」（晉語九）也許政爭激烈的國家，貴族多善待采邑領民；否則，像魯國，季氏獨大，人民就飽受聚斂之苦了（論語先進）。

農莊本於濃厚的氏族共同體遺習，對新來的殖民統治者可能也以氏族長視之，類似後期氏族制，而領主自然也順理成章的採取家族長制的統治。領主即是全莊園的代表，凡有交易，外人只認莊園主，不認野人。周禮地官曰：

> 泉府掌以市之征布，斂布之不售、貨之滯於民用者。以其賈買之物揭而書之，以待不時而買者。買者各從其柢（本也）——都鄙從其主，國人、郊人從其有司，然後予之。（泉府）

「主」即莊園領主，也是采邑莊園成員對領主的稱呼。西元前五五二年，晉欒盈出奔，兩年後潛回他的采邑曲沃。曲沃守胥午設法使他與領民相見。

> 伏之（欒盈）而觴曲沃人。樂作，午言曰：「今也得欒孺子（盈）何如？」對曰：「得主而爲之死，猶不死也。」皆歎，有泣者。爵行，又言，皆曰：「得主，何貳之有？」（左襄二十三）

「主」是曲沃領民對領主欒盈的稱呼。「主」，有時稱「君」，或「主君」，所謂「三世事家，君之；再世以下，主人。」（晉語八）「主」「君」似無太大的差別。南蒯以費叛，費是季氏邑，圍之不克。冶區夫勸季氏「見費人寒者衣之，飢者食之，爲之令主，共其乏困。」（左昭十三）次年，南蒯家臣司徒老祁、慮癸倒戈，劫南蒯曰：「羣臣不忘其君」（左昭十四）。君即季氏。所以魯昭公亡齊，「齊侯使高張來唁公，稱主君」，隨昭公出奔的子家子就說：「齊卑君矣」（左昭二十九）。把昭公當齊的一個莊園領主看待。

莊園領主和大小管家關係極爲密切，當了兩代的家臣就視領主爲主人，三代以上則視同君主。莊園領主投奔新主人時，家臣大抵都跟隨著的。西元前五五二年，邾大夫庶其以漆閭丘奔魯，季武子「皆有賜於其從者，於是魯多盜。」（左襄二十一）這些從者即夙沙釐所謂的「君臣」（晉語九），他們對領主效忠並不難想像。但那些「土臣」（同上、夙沙釐語）——野人却也同樣對領主鞠躬盡瘁。欒盈已爲國法所不容，而領民竟視死如歸，願爲他犧牲。

驪姬之亂，「晉公子重耳之及於難也，晉人伐諸蒲城，蒲城人欲戰。」（左僖二十三）蒲城人之抗晉，也因爲重耳是他們的領主之故。曲沃原是晉公室的領地，蒲城是晉人的殖民城堡，和欒氏、重耳都無血緣關聯，但領民本於傳統的氏族遺習，視新的殖民領主如周氏族長，表現的行爲與氏族共同體幾乎無別，可以名爲「假氏族血緣聯繫」（Pseudo-clanship）。唯有了解這種特性才容易解釋古代貴族殖民地的獨立性，也才易領會貴族領主與領民的關係。

貴族殖民的采邑，大者曰「都」。一說：「凡邑有宗廟先君之主（木主）曰都，無曰邑。」（左莊二十八）宗廟所在的邑當然大，然「都」的先君木主大概指殖民於都的第一代貴族以下的「君」——嫡系繼承人，其宗廟並非殖民母國的宗廟。魯有三都：費、成、郈各爲季孫、孟孫和叔孫的采邑，自伯禽以下的魯公神位只在曲阜，不在三都。像孟嘗君薛邑的宗廟是馮諼狡兔三窟之計，爲孟嘗「請先王之祭器」而「立」的（戰國策十一）。大抵武裝殖民地，土地廣，人口多，實力厚者是「都」，次者曰「邑」。都，營城；邑，築而已（左莊二十八）。築比較簡陋，城便等於國了，故又稱「耦國」。所謂

> 大都耦國，亂之本也。（左閔二）

都的勢力等於殖民母國，母國就危險了。此即「都城過百雉，國之害也」（左隱元）之意。所以城邦的法制規定：「大都，不過參國之一；中，五之一；小，九之一。」（左隱元）防叛亂也。孟子還說「千乘之國，百乘之家」（梁惠王上），諸侯與貴族間須維持相當的懸

殊實力，才得安全。

因爲都邑的氏族共同體遺習甚强，領主與領民一體，有類似氏族的聯繫關係，終春秋之世，都邑對國的威脅屢見不鮮。楚大夫范無宇說：「其在志也：國有大城未有利者。昔鄭有京櫟，衛有蒲戚，宋有蕭蒙，魯有弁費，齊有渠丘，晉有曲沃，秦有徵衙。」（楚語上）這些都是危害過殖民母國的大邑，尤以宋的蕭邑，衛的戚邑，及魯的費邑最具典型。費邑以家臣抗領主，值城邦時代末期，貴族領主專權之後，由「私」向「公」的路逕發展㉓，情形特殊，采邑管家回頭來對付領主，本文暫不討論。

西元前六八二年，宋南宮萬叛亂，弑閔公，殺大宰華督，立支系貴族子游㉔爲君，羣公子奔蕭。同年冬，「蕭叔大心及戴、武、宣、穆、莊之族以曹師伐之，殺南宮牛于師，殺子游于宋，立桓公。」（左莊十二）按，蕭邑是殷人據立的小國，分魯的殷遺有蕭氏（左定四），似分之未盡的氏族仍留在原地者，後爲宋的貴族佔領。蕭叔大心是西周末年宋戴公的後裔，唐書宰相世系表云：宋戴公生子衎，字樂父，裔孫大心㉕。采邑借外國軍隊可以平定國內的政變，這種采邑便是「都」。都的勢力坐大，可以單獨與外國作戰，左傳曰：

㉓ 「公」「私」發展參「緒論」及下章，並見增淵龍夫，「春秋戰國時代の社會と國家」（岩波講座世界史古代四）。

㉔ 左傳莊公十二年正義引世族譜曰：「子游雜人，不知何公子。」

㉕ 引自劉文淇春秋左氏傳舊注疏證，莊公十二年條。

> 楚子伐蕭，宋華叔以蔡人救蕭。蕭人囚熊相宜僚及公子丙，（楚）王曰：「勿殺，吾退。」蕭人殺之，王怒，遂圍蕭。（左宣十二）

楚大國，仍不願輕與蕭邑啓釁，這種邑的勢力是足與母國抗衡的。能與世界強國戰鬥，故外交也有相當的獨立自主權，西元前六七一年，春秋經曰：「蕭叔朝（魯）公」（左莊二十二）。甚至可以選擇領主國，蕭叔朝魯後半世紀，蕭封人以蕭奔魯，爲魯之附庸（左文十四）。至春秋末年，宋貴族還以蕭爲根據地，稱兵叛變（左定十一）。

采邑莊園是貴族「庇身」之所（左襄三十一，鄭子皮語），貴族可以失國，却不能喪家（采邑）。衛大夫孫文子知衛將有亂，「自是不敢舍其重器於衛，盡寘諸戚。」（左成十四）戚是孫文子的采地。西元前五五九年，孫文子和寧惠子遭衛獻公之辱，「二子怒，孫文子如戚」，準備叛變。衛公再度請和，文子皆不許，殺使者，「公出奔齊，孫氏追之，敗公徒于河澤。」（左襄十四）國家軍隊被采邑軍隊擊破，獻公奔齊，寄食齊邑。衛人別立新君，孫寧二氏掌握大權。後十二年，孫林父（文子）「以戚如晉」，認晉做保護國，於是衛和戚常有小規模的戰爭。晉以霸主名義，假公濟私，會諸侯之師「以討衛，疆戚田。取衛西鄙六十以與孫氏。」（左襄二十六）孫林父在晉廷亦頗受禮遇，晉執政范宣子與和大夫爭田，宣子還請教過他（晉語八）。

都邑自擇領主國在城邦時代是很普遍的，如西元前五三七年，莒牟夷以牟婁及防茲奔魯

（左昭五）。可能是牟夷不滿意莒君而宣佈他的采邑領主權易人，一如四年前，莒展輿立，奪群公子秩，莒亂，「（大夫）務婁、瞀胡及公子滅明以大厖與常儀靡奔齊」（左昭元）。這顯示采邑有高度的獨立性，表現在其他方面，或爲國君復辟的基地（鄭的櫟邑）㉖，或貴族稱兵一方（如齊的盧邑）㉗，或單獨與外敵作戰訂盟（如魯的龍邑）㉘，小邑也和大都一樣有這些事件發生。

都邑的獨立自主性是中國古代社會的一大特徵，其基礎建立在莊園共同體的凝結性及「假氏族血緣聯繫」上。斯時國君的成員和貴族的成員幾若兩條不會合的河流。晉文公回國後責備勃鞮以前殺他殺得勤快，勃鞮對曰：「二君（獻公、惠公）之世，蒲人、狄人余何有焉？」

㉖ 史記鄭世家曰，鄭厲公時祭仲專政，四年，（西元前六九七年）厲公陰使其婿雍糾欲殺祭仲。謀洩，祭仲反，戮雍糾於市。厲公無柰祭仲何，出居邊邑櫟。祭仲迎厲公兄公子忽於衛，是爲昭公。秋，櫟人殺其大夫單伯（左傳桓十五年作檀伯），厲公遂居之。十七年後鄭厲公自櫟侵鄭。（左莊十四）這期間櫟邑自守，可以算得上是耦國了。

㉗ 西元前五七四年聲孟子與慶克私通，「刖鮑牽而逐高無咎，無咎奔莒，高弱以盧叛。」（左成十七）鮑、高是齊的大族。同年齊侯使崔杼與慶克帥師圍盧。十二月，盧降。（左成十七）但盧邑並未遭夷滅，逮西元前五四四年，「高豎以盧叛。」（左襄二十九）盧是高氏采邑，足與齊國抗衡。

㉘ 左成二：「春，齊侯伐我（魯）北鄙，圍龍。頃公之嬖人盧蒲就魁門焉，龍人囚之。齊侯曰：勿殺，吾與而盟，無入而封。弗聽，殺而膊諸城上。齊侯親鼓，士陵城三日，取龍，遂南侵及巢丘。」

(晉語四)重耳當晉獻公時是蒲的領主，惠公時亡在狄，勃鞮是國君的人，和重耳毫無隸屬關係，故殺之急。同樣的，貴族采邑的成員和國君也無干係，故有「我家臣也，不敢知國」(左昭二十五)的話。貴族的屬下想參與國事，亦爲傳統禮法所禁止。南蒯以費叛季氏，敗，亡齊，景公戲呼「叛夫」。他答道：「臣欲張公室也」。齊大夫子韓晳斥責曰：「家臣而欲張公室，罪莫大焉！」(左昭十四)家臣只該對領主盡忠，不能爲國君效勞的，故欒盈叛晉，「欒氏之臣」辛俞行說，自他的祖父以來「以(已)無大援於晉國，世隸於欒氏。」晉公「知其不可得也，遣之。」(晉語八)而貴族權力範圍內的事國君也不能干涉。晉祁盈的二個家臣「通室」(易妻)，大傷風化，祁盈認爲這是「祁氏私有討，國何有焉?遂執之。」左昭二十八)左傳杜預注云：「討家臣無預國事」。這樣的貴族采邑名義上來自殖民母國的「分封」，其實是各自爲政的。

貴族有獨立的采邑做政治資本，中國歷史上才有一段光輝燦爛的貴族政治，堪與羅馬帝國以前的共和時代媲美。如沒有凝結性的采邑，只訴諸世官或宗法倫理，是不能產生足與國君抗衡的貴族政治的。防邑領主臧武仲「以防求爲後於魯」，孔子批評他：「雖曰不要君，吾不信也。」(論語憲問)然不論要脅國君或與國君分庭抗禮，莊園采邑獨立性的實際基礎在貴族自己擁有武力。

貴族的武力舊稱「私屬」，其性質歷來頗有異說。鄢陵之戰，晉國的「欒、范以其族夾公行」(左成十六)，楚的主力軍「在中軍王族而已」(左成十六，楚語上)。韋昭國語註引唐固曰：「族，親族同姓也。」左傳杜註：「語意似以爲宗族」㉙，即所謂宗族子弟兵也。孔穎達正義引劉炫說，一反此見。炫曰：「族者，屬也，屬謂中軍。以中軍夾公耳，非謂宗族之兵也。」韋昭註亦以族爲「部屬」，清人俞樾也主後說㉚。論者更從軍隊人數判斷「族」當作部屬解，鄢陵之役，晉軍八百乘，一乘三十人計，得二萬四千人，欒、范二族不當有二萬多子弟㉛。

今按，釋「族」爲部屬，誠然。如本書第二章所論，城邦時代軍隊的主要來源是國人。管仲分齊國士鄉十五爲三軍，該章已證明：士是國人，非貴族子弟。晉數度整建軍備，作二軍，作三軍，作五軍，及西元前五八八年的作六軍，這些軍隊也不全是貴族。但不得謂城邦時代貴族無私卒。西元前五九七年，晉楚戰於邲，

熊負羈囚知罃。知莊子(罃父)以其族反之，廚武子御，下軍之士多從之(左宣十二)。

知莊子原來只率宗族軍隊救子，但他本身是下軍大夫（杜注），主將出陣，部屬也多跟隨

㉙ 劉文淇，前引書，成公十六年條。

㉚ 俞樾，羣經平議卷二十六：「族者部屬也，其字從㫃從矢，所以指麾也。」又曰：「私屬之屬「族之叚，族屬聲近，古每通用。」

㉛ 增淵龍夫，前引文。

而去。上引文獻的「族」和「士」顯然有別，不當一概視作國家軍隊。國人軍隊和貴族私兵性質是不同的。齊莊公亂死，亂者崔杼和慶封「乃與國人盟曰：不與崔、慶者死。」（齊太公世家）不久崔氏滅，

田、鮑、高、欒氏相與謀慶氏。慶舍發甲圍慶封宮，四家徒共擊破之（齊太公世家）。

是國人與「四家之徒」有別。晉郤克使齊，他是跛子，爲齊太后所笑，怒，歸「請伐齊，晉侯弗許，請以其私屬，又弗許。」（左宣十七）第一次是請國家的軍隊，第二次才請私兵。貴族有私兵的，齊晏嬰不願與慶封謀攻公族，以私兵不精辭，曰：「嬰之衆不足用也，知無能謀也，言弗敢出。」（左襄二十八）宋南宮氏之亂，「蕭叔大心及戴、武、宣、穆、莊之族以曹師伐之。」（左莊十二）是宋羣公子公孫各有族車。鄭子駟「爲田洫」，西元前五六三年被反對派的貴族圍殺，子產帶領十七乘戰車報父仇。（左襄十）這十七乘武力當然是子產的私屬，魯三桓也各有私兵，故欲吞併國家軍隊時則先「各毀其乘」（左襄十一）。

城邦時代貴族的軍隊最先是氏族軍，靠血緣連帶集結成的軍隊。西周時，在洛陽駐守的西六師和殷八師，或南伐或東征（禹鼎、小臣謎毀）。周初的明公毀曰：「唯王令明公遣三族伐東或（國）」，是氏族成軍；到西周末年的毛公鼎仍曰：「以乃族干吾（敔）王身」。當時軍隊的氏族性可能很强，征伐之際，主帥沒有直接調度各族軍的權力，唯有有「封建」約束關係者才能命令。班毀曰：

王令吳白曰：「以乃自（師）左比毛父」。王令呂白曰：「以乃族右比毛父」。趞令曰：「以乃族從父征。𢓊城，衛父身。」

這次「靜東國」之役的主將是毛公，吳伯、呂伯的軍隊經王囑令後才歸毛公節制，因爲吳伯、呂伯和王有「封建」的約束，和毛公則無，毛公無權直接指揮他們的軍隊。另外一位趞能直接命令班的族軍，因爲班是趞的家臣㉜。無「封建」隸屬，怕極難約束，故師旅的「衆僕」可以罷戰，「不從王征于方」（師旅鼎）。時代變異以後，族軍或私屬的構成因素不一定以血緣爲主，而被這種隸屬統轄的關係所取代，氏族軍的組成份子就變了。

野人初無當兵的權利，他們只幹軍夫雜役諸務（尙書費誓）。後來各國擴張軍備，貴族也編集采邑的成員爲軍。像晉國從八百乘的軍隊一百五、六十年後擴充成四千多乘的武力，許多貴族采邑的成員必都編入國家的正規軍隊，一如傳統的國人軍㉝。但貴族采邑的凝聚性不低於氏族共同體，其成員編成的軍隊已具備以前氏族軍的性質；采邑領主又以「假氏族血緣聯繫」統轄采邑成員所組成的軍隊。表面上野人軍是國家的軍隊，其實指揮統屬和氏族軍無異，與國人軍大別。不過這時，中央方面大貴族日日專權，終代公侯而有其人民土地，人民

㉜ 參見白川靜，前引書，第十五輯葉三四—六二。郭沫若，「班毁的再發現」（文物，一九七二・九）

㉝ 參閱下章，葉一三九—一四六。

既無「公」「私」之分，軍隊也沒有部屬或私屬之別了。古今學者的論辯如從社會性質的轉變看去，一切也就釋然了。軍備大事擴張後，貴族所領的軍隊是部屬，但也是近乎族軍的私屬；同時貴族還有「臣妾」組成的私兵（左襄十），有的稱曰「家隸」（左定十）。

因世官而當權，貴族的勢力得以綿延不絕，因同血緣氏族的凝結堅固，而成牽連廣袤的巨室。貴族佔有莊園，名雖「分封」，實同獨立小國。當他們又與莊園的領民連通一氣時，無啻如虎傅翼，國君對之亦無可奈何，於是演出古代光輝燦爛的貴族政治。我們認為世官制度、巨室政治和莊園采邑結合而形同獨立之國，再加上貴族與莊園領民的「假氏族血緣聯繫」，構成中國貴族政治的特質。

第五章　城邦之沒落及城邦時代的結束

一　春秋霸政與城邦的存亡關係

周民族武裝殖民營建軍事性和政治性的城堡，在城堡的周圍設定封疆，控制農莊，以農作生產支持城鎮。一方面又使公子、公孫往外拓殖，建立大小的采邑莊園。一個「國」統領四周的郊野及名義上管轄的一些大都小邑，便構成中國古代的城邦。就地域言，所謂國只是內城或外郭以內的小小範圍，「三里之城，七里之郭」，方圍七里之地就是普通的國了。國外雖有不少殖民據點，但這些都邑獨立性甚強，「大都耦國」，非殖民母國所得操縱或令使，這時尚無後世「領土國家」①以後的國家觀念。周王不能控制列國，諸侯力量也難達到采邑。周人代殷之際因去氏族共同體時代未遠，把氏族共同體的許多觀念套上天下共主的實際情形，乃演出幾百年的城邦歷史。氏族共產，所以土地要「分封」給親戚；諸侯「受民受疆土」，也認爲這些土、民都是氏族共有的財產。推溯到最後根源，坐鎮在宗周的那個「國」是一切國的母體，所以詩人要歌頌「溥天之下莫非王土，率土之濱莫非王臣。」（小雅北山）諸侯列國與大夫采邑的關係也可比照類推。於是當時的華夏儼然似一統的天下，諸侯國也儼然似一統的公國，理念如此，實際並不然。

周人所謂「封建」，原來只是對武裝拓殖地予以法理的承認，名分上將該地區畫歸該領主的統轄範圍；其實殖民城堡營建之初，殖民者的政令是不出國門的。畫歸的範圍內早有無數的農莊共同體生息其間，譬如齊國，晏嬰說：「昔爽鳩氏始居此地，季萴因之，有逢伯陵因之，蒲姑氏因之，而後大公因之。」（左昭二十）殖民者斷然認定這些共同體是屬於他們的了。康叔營衛，

封畛土略：自武父以南及圃田之北竟。取於有閻之土以共王職，取於相土之東都以會王之東蒐（左定四）。

① 借用宮崎市定的概念。見氏著「中國上代は封建制か都市國家か」（史林第三三卷第二號）。

殖民者稱其佔領區爲「邦域」，邦域以外還有勢力範圍。西元前六五六年，齊桓公侵蔡伐楚，楚王責齊師侵到「風馬牛不相及」的遙遠地區，管仲對曰：

昔召康公命我先君大公，賜我先君履，東至于海，西至于河，南至于穆陵，北至于無棣（左僖四）。

如此遼闊的地帶實非齊侯政令可及，勉强名之爲武裝殖民者私畫的勢力範圍。因爲直到春秋戰國之際，齊人自己還說齊的疆土只「南至於岱陰，西至於濟，北至於海，東至於紀隨，地方三百六十里」（管子小匡）而已②。勢力範圍內的小國或更小的農莊共同體除淪爲殖民貴族的采邑外，多降爲附庸，魯的勢力範圍內也有許多附庸。魯頌曰：「乃命魯公，俾侯于東，錫之山川，土田附庸。」（閟宮）即萇弘所謂的「分之土田陪敦」（左定四）。小國或農莊共同體不能抵抗武裝殖民者，聽其驅使，輸之貢賦，求其保護，是謂附庸。經周初數次東進殖民，魯的勢力大概已擴展到泰山的東邊和南邊③，

② 岡崎文夫認爲小匡篇所記的有春秋末期的情形。參氏著「『參國伍鄙』の制に就て」（羽田博士頌壽紀念東洋史論叢）。

③ 大東地望，參見傅斯年「大東小東說」。今按周初數度東征，周人的勢力曾達到海邊，小臣謎毁：「𠭯東尸（夷）大反，白懋父㠯殷八𠂤（師）征東尸。唯十又一月，遣自𥄳自，述（遂）東，𨸏伐海眉。雩氒復歸，才（在）牧自，白懋父𠄎（承）王令易自率征自五齵貝。」小臣謎的這支軍隊到達海濱。

奄有龜蒙，遂荒大東，至于海邦。淮夷來同，莫不率從，魯侯之功。（閟宮）

因爲殖民活動的推展，附庸一一淪亡。趙佑溫故錄乃曰：「魯之屬國多矣，自向爲莒入宿，被宋遷郳，與魯世相仇殺。魯又滅項，取須句，取邿，取鄟，取鄫，取卞，皆附庸而不克保。」④據說孔子告哀公曰：

君出魯之四門，以望魯之四郊，亡國之墟列必有數矣。（新序雜事第四）

懷古之人亦可慨歎也！趙佑故曰：「魯之不字小亦甚」（溫故錄）。然亡滅人國非獨魯而已，在周人武裝殖民精神的鼓動下，西周二百多年間滅國千百，「名邑廢邑」（逸周書地圖）必定星羅棋布。像衛國那位流亡太子蒯聵，回來當國君，閒暇無事，登城賞景，望見一處聚落，問知是戎州，就說：「我姬姓也，何戎之有焉？翦之！」（左哀十七）這箇戎州大概是古有仍氏的苗裔。三度播遷後的衛國駐足於帝丘（左閔二、僖二、僖三十一），即夏后相的故居（左僖三十一）。當夏后相爲澆所滅時，后緡逃回娘家有仍國（左哀元），今人考訂有仍在

---

④ 引自劉寶楠，論語正義「季氏篇」季氏將伐顓臾章。

今山東濟寧縣，去濮陽的帝丘不遠，其苗裔是可能住在帝丘附近的。而且比照古書，左傳的有仍（昭四）韓非子作有戎（十過），史記作有娀，（殷本紀），其實一也。⑤古代獨立小國被殖民者這樣不明不白「翦」掉的，不知有多少。

滅國之舉大概自人類營羣居生活，有簡單的社會政治組織就開始。黃帝時代萬國，周初可能剩下千餘。周民族東行所見的野人原先也是獨立自主的共同體成員，被都邑之人擊敗，淪為被統治者。周人代殷之後，天下雖有共主，然强凌弱，衆暴寡，無日無之，依然繼承先民的血史，不斷吞噬兼併。申公巫臣故曰：「思啓封疆以利社稷者，何國蔑有？唯然，故多大國矣。」（左成八）按照周的「封建」禮法，天子之地一圻（舊注，方千里），列國一同（方百里），依次縮小。春秋中晚葉，「大國多數圻矣」，鄭子產說：「若無侵小，何以至焉？」（左襄二十五）併吞之事固不足奇，但外族若殘滅姬姓民族的國家便動搖中原統治者的視聽。「漢陽諸姬，楚實盡之」（左僖二十八、定四），中原民族斥楚人是侵略者。所謂「南夷北狄交，中國不絕若線」（公羊傳僖四），霸者乃出。

在南夷北狄交侵中國之際，華夏小邦岌岌可危，齊桓公伐山戎救燕（西元前六六三），為衞築楚丘，救邢（西元前六五八），糾合諸侯，領導攘夷。這在當時誠然是一件大事，但霸者的大義却不僅止於抵抗北方的游牧民族和南方的帝國主義也⑥。齊桓霸政的根本精神在

⑤ 參見顧頡剛，「有仍國考」（古史辨第七册下）。

⑥ 霸者大義在攘夷，大家都習以為然。參見錢穆，國史大綱，葉四三——四四。

維繫城邦，攘夷不過一端而已，實則更注重消除或防範列國內在的矛盾和危機。西元前六五七年，陽穀之會，公羊傳記桓公之宣言曰：

無障谷，無貯粟，無易樹子，無以妾為妻。（公羊傳僖三）

障谷或以鄰國爲壑，或斷鄰國的水源，貯粟則不通有無，最易危害城邦的安全和存在。那時國小，一水可能經過數國，上游國家障谷，下游國家便斷絕水源；反之，上游國家便積水：都足以影響生產的。戰國時，「東周欲爲稻，西周不下水，東周患之。」說客往見西周君，要他在東周人種麥時下水，種稻時奪水（戰國策一）。東西周下水奪水的問題還可看出城邦時代障谷的景象。因爲國小，一有饑荒則非求助外國不可。外國不救，便有舉國無炊的危險。桓公要維繫城邦的存在，故首揭「無障谷，無貯粟」，這是關係民生的基本要政。至於廢適立妾皆與城邦時代的禮法不容，是內亂的大因素，亦不得不禁。六年後葵丘之會，桓公「壹明天子之禁」，又重復「毋雍泉，毋訖糴，毋易樹子，毋以妾爲妻，毋使婦人與國事。」（穀梁、僖九）與陽穀之會無異。三百年後，孟子述「五霸，桓公爲盛」，條舉葵丘之會的五項命令。初命曰：「誅不孝，無易樹子，無以妾爲妻。」五命曰：「無曲防，無遏糴，無有封而不告。」（告子下）與公羊、穀梁皆吻合。其他三命：或曰尊賢育才，或曰敬老慈幼，或曰士無世官，官事無攝，取士必得，無專殺大夫——其重點也都在安內，使城邦小國得以延續。大概這才是霸政的眞精神，所以桓公身死，齊侵魯，魯使展喜犒師，答貴族不恐之故，猶曰：

> 昔周公、大公股肱周室，夾輔成王。成王勞之而賜之盟曰：「世世子孫無相害也。」載在盟府，大師職之。桓公是以糾合諸侯而謀其不協，彌縫其闕而匡救其災，昭舊職也。（左僖二十六）

桓公糾合諸侯是要繼承和發揮諸侯子孫「世世無相害」的傳統。這是周成王的盟誡，後來的天子大概都抱著這禁令，但東周以下，天子衰了，這個禁令只好請霸主「壹明」之。西元前五六二年范宣子主盟，亦曰：

> 載書曰：「凡我同盟毋蘊年，毋壅利，毋保姦，毋留慝。……」（左襄十一）

大概這才是正統的霸政精神，承襲齊桓而來。孔子美桓公「正而不譎」，「正」之含義亦可三復矣。

然而孔子卻批評晉文公「譎而不正」，與齊桓相反，可能也要從霸政精神來領會。晉國霸業自文公以下的一貫精神是摧毀城邦。原來晉國「僻處山戎，不與諸姬等齒」，春秋以降即不斷攻伐戎狄和同姓。晉司馬女叔侯曰：「虞、虢、焦、滑、霍、揚、韓、魏皆姬姓也，晉是以大。若非侵小，將何所取？武、獻以下兼國多矣。」（左襄二十九）晉發展帝國主義，破壞城邦和平共存的精神，圍陽樊事件表現得最明白。西元前六三五年文公靖王子帶之亂，納周襄王，王賞以陽樊、溫、原、欑、茅之田（左襄二十五）。文公接收陽樊時，

陽人不服，晉侯圍之。（陽人）倉葛呼曰：「……今將大泯其宗祊，而蔑殺其民人，宜吾不敢服也。（周語中）

「蔑殺民人」是不承認其人民有國人的身分，泯除宗廟是摧毀其國的統治階級——將全部征服民降為野人，征服地淪為采邑。這大概是晉人的一貫作風，從晉文公的父親——獻公起，滅虢，併虞，取魏，侵略征伐成為晉國的傳統政策，故陽樊人「不敢服」。因為「陽人有夏商之嗣典，有周室之師旅，樊仲之官守焉。其非官守則皆王之父兄甥舅也。」（晉語四）「誰非王之親、姻」（左僖二十五），不是古代小國的「裔民」（周語中）。按照「封建」禮法晉國該維護他們的存在才對，然而文公還是「出其民」（左襄二十五），佔有其地。

　　晉文公以後雖仍維持霸主會盟的虛表，霸政精神早已喪失，那只是戰國政治型態出現的前奏而已。弱肉強食，大家公開承認了。西元前五四一年晉楚會盟。魯伐莒，莒人告於會，楚欲戮魯使。晉執政趙鞅曰：「視遠如邇，疆埸之邑，一彼一此，何常之有？……自無令

王，諸侯逐進。狎主齊盟，其又可壹乎？恤大舍小，足以爲盟主，又焉用之！封疆之削，何國蔑有？主齊盟者誰能辯(治)焉？」（左昭元）齊桓霸政的精神無人理會了。趙鞅爲盟主，既然正式宣布會盟共存的時代結束，代之而起的當然是名正言順的殘殺征伐。戰國時代將來臨矣。

城邦的興起先天就潛藏沒落的種子。武裝殖民者以武力做後盾，剝奪小國的獨立性。城邦存在的基本條件是保有完整獨立的主權，但殖民者從營國到城都、築邑皆否定別國主權的獨立與完整。拓殖精神先用來對付異族異姓，最後也用於同族同姓。嚴格說，齊桓晉文之別在於異姓同姓之分而已，一維持宗法，一斬絕血緣以徹底破壞周人建國的政治倫理意識。尤其晉文以後，南楚北晉交爭，相持不下，二強都假借同盟的美名，侵蝕中原國家的獨立權，終至使中原小國幾同附庸。

按照傳統禮法，附庸國的地位頗低，沒有獨立完整的主權，要向領主國貢賦的。魯公要求晉侯「請屬鄫」，因鄫不與盟，不向晉納賦，如附屬於魯，魯可征賦以貢於晉（左襄四）。附庸也要向領主國提供勞役。晉合諸侯以城成周，征役於宋，宋不應，欲使附庸滕、薛、郳代役（左定元）。故秦晉迫誘，使瓜州之戎內徙中原，處晉「南鄙之田，狐狸所居，豺狼所嗥。」諸戎開墾，「不腆之田」的生產與晉「剖分而食之」，「晉之百役，與我諸戎相繼于時。」（左襄十四）百分之五十的地租及百役相繼于時，是附庸的待遇。春秋初年鄭伐許，許莊公奔衛，鄭伯使許叔居東偏，使鄭大夫處西偏，許不得屬其他國家（左隱十一）。大概附庸對領主國是要輸一半的租稅的。獨立城邦因會盟而向盟主輸貢賦，賦役之重若可與附庸並比，所謂獨立也就虛有其名了。晉主盟時，與盟列國也百役相繼于時。晉司馬女叔侯說：「魯之於晉也，職貢不乏，玩好時至，公卿大夫相繼於朝，史不絕書，府無虛月。」（左襄二十九）鄭國亦「無月不至，貢之無藝（法制）。」子產慨歎小國這般「貢獻無極，亡可待也。」（左昭十三）不是貢賦就了事，霸主對列國之貢還時加挑剔。子產納貢於晉，曰：

> 未知見時，不敢輸幣，亦不敢暴露。其輸之，則君之府實也，非薦陳之不敢輸也；其暴露之，則恐燥濕之不時而朽蠹，以重敝邑之罪。（左襄三十一）

晉這樣對待小國，「誅求無時」，使他們「不敢寧居，悉索敝賦以來會時事。」（左襄三十一）原來爲維繫城邦的會盟制度反而剝奪城邦的完整主權，使淪落成附庸。城邦時代即將結束矣！

二　國人與政的限度

本書第二章已申明城邦時代國人與政的歷史。古代社會的中堅是國，國人在貴族政治下產生舉足輕重的力量。他們可以參與國君的廢立，可以左右城邦的外交，甚至可以決定和戰。貴族與國君爭奪政權，凡贏得國人擁戴者往往勝利，否則多失敗流亡。國人自成集團，雖構成與國君、貴族鼎足而三的勢力，可惜這段國人的光榮歷史亦隨城邦的沒落而告結束，無法創造以廣大城裏人爲基石的「民主」政治。這是因爲國人干與政治本身就有先天的限度，他們平時影響政治的行爲多出於輿論，是消極性的。晉悼公時代，「國人無謗言，所以復霸。」(左成十六)學者頗迷幻於國人參政的表面史實，誤以爲古代國人有市民權(Citizenship)⑦，甚至說有議會⑧，而城邦時代也有類似憲法的條文，明確記載自由民(國人)的議政大權⑨。這些意見未免言過其實，皆由於不明國人與政本質及先天限度的緣故。

國人是被統治者。在周民族武裝拓殖之前，他們是獨立自主的國邑成員，統有四野的農莊，也算是統治階級的。雖淪爲被統治階級，他們自有軍隊，濃烈的氏族遺習及共同體的社會組織還保存著。周人是少數民族，散布在全國各要津，挾其開國的獷悍風氣固可鎮壓被統治者，然獅子博鼠，亦傾全力，鎮壓不勝鎮壓，最上治策是覊縻。故武裝殖民者賦予國人相當的自由與權利，身分地位亦不低。然而這是有限度的。中國城邦時代並未產生議會，也未見有類似議會的組織，平時國人對政治的牽制也只有訴諸輿論而已，即所謂的「謗言」。晉平公問師曠：「衛人驅逐國君，不太過分了嗎？」師曠藉機發了一大套貴族政治聽取民意的議

⑦ 宮崎市定，「中國上代は封建制か都市國家か」。

⑧ 貝塚茂樹，「中國古代都市における民會」，引自增淵龍夫「春秋戰國時代の社會と國家」(岩波講座世界史古代四)第一節注四。又貝塚說亦見氏著孔子(東洋文庫，一九七二)，然語焉不詳。

⑨ 尚鉞「先秦生產形態之探討」(歷史研究一九五六年第一期)。

論：

> 自王以下各有父兄子弟以補察其政。史為書，瞽為詩，工（樂工）誦箴諫，大夫規誨，士傳言，庶人謗，商旅于市，百工獻藝。（左襄十四）

「士傳言，庶人謗」即國語周邵公所謂的「庶人傳語」（周語上），亦即「鄭人游于鄉校以論執政」（左襄三十一）之意，都止於輿論評批而已。詩經有國風，詩序曰：「風，諷也。」國風確實含有國人的輿論。據師曠徵引的夏書說：「遒人以木鐸徇于路」（左襄十四）。古代大概有採集民意之官，所謂「詢於芻蕘」（大雅板），譜之管絃，發之歌詠，讓樂工「誦箴」。貴族飯飽酒足之餘，心神愉悅，逆耳之言是比較聽得進去的。

國人諷諫批評，到底是消極性的，貴族可聽也可不聽。陳人諷刺執政曰：

> 夫也不良，國人知之。知而不已，誰昔然矣。
> 夫也不良，歌以訊之。訊予不顧，顛倒思予。（陳風墓門）

貴族可以「知而不已」「訊予不顧」，因爲國人並沒有發展出制衡執政的制度。這是城邦時代的一大憾事。所以周厲王虐，「國人謗王」，厲王怒，派人監視，謗則殺之。「國人莫敢言，道路以目。」（周語上）待國人忍無可忍時，只有出之暴動，但都是與貴族共同發動的，像陳國人築城而殺二慶（左襄二十三），則是響應國君以抗當權的貴族。

今按「封建」禮法，國人無干與政治的法定權力。因爲國人是被統治者，而禮法只行於貴族之間，國人雖能靠實力影響政局，却無法取得法理的認可。只有像鄭子產那種理智開明，認淸時局的人才不禁止人民論政，然明建議子產毀鄉校，亦見得「封建」禮法並無必然允許民議的規定或傳統。論者引周禮秋官證國人有法定的議政大權，曰：「凡邦之大事，聚衆庶而讀其誓禁。」（方士）這是官府頒布「誓禁」，要民遵守，人民只有聽的份，何「議」之有？城邦時代，「禮不下庶人，刑不上大夫，」那時固無後世意義的「法」。春秋中葉以後，舊社會日日解體，商業發達的鄭國尤其敏感，「封建」禮法已不能適應加速變動的社會，鄭子產乃在西元前五三六年「鑄刑書」。這只是將法令公布，做爲行政律度的標準，貴族臨事不得隨意獨斷而已，並不是民議的法。雖然如此，已使晉國的叔向很覺不快，他寫信責備子產說：

> 昔先王議事以制，不為刑辟。（左昭六）

杜注：「臨事制刑，不豫設法也。」叔向怕以後人民就難治了。因爲「民知有辟則不忌於上，並有爭心以徵於書而徼幸以成之。」有了明文的法令，人民「將棄禮而徵於書」，就知道該怎樣和貴族爭了（「民知爭端矣」）（左昭六）。⑩叔向已近春秋後期，猶發如是議論，城邦時代的人民怎可能有法定的議政大權呢？

國人權力的限度在楚國郤宛事件最看得出來。郤宛是楚國重臣，自稱「賤人」，大概國人出仕者。其人「直而和」，甚得民心。西元前五一五年，因費無極與鄢將師之陷害，遭令尹子常攻擊，自殺。子常令燒郤氏，

> 國人弗爇。令曰：「不爇郤氏，與之同罪。」或取一編菅焉，或取一秉秆焉。國人投之，遂弗爇也。令尹炮之，盡滅郤氏之族黨。（左昭二十七）

「郤宛之難，國言未已，進胙者莫不謗令尹。」子常終於「殺費無極與鄢將師，盡滅其族，以說于國，謗言乃止。」（左昭二十七）令尹命令國人燒郤氏，不得不燒，他們最常用的武器只是「謗」。春秋末年孔子還說「天下有道則庶人不議」（論語季氏），城邦時代國人的與政權力自始就不得法理的認可，他們只能靠實力左右政局。但實力是基於氏族遺習和凝結的社會結構才得存在的，當各國中央集權政府形成時，舊的社會組織解體，國人與政的光榮傳統也和貴族政治一樣，變成夏日春花，供人悼念而已。

---

⑩ 參見沈剛伯先生，「從古代禮、刑的運用探討法家的來歷」（大陸雜誌四七卷二期）。

國際呑併促使城邦崩潰，而國內不斷的分裂也是城邦破亡的大因素。晉人士蔿論翟柤的統治者「上下各饜其私以縱其回（邪），民各有心而無所依據。」（晉語一）於是統治者與被統治者「既有判（離）」（晉語一，史蘇語），國就滅亡了。統治者壓搾人民過甚，人民只好流亡。「坎坎伐檀兮，寘之河之干兮，河水清且漣漪」的魏國統治者啊！

不稼不穡，胡取禾三百廛兮！
不狩不獵，胡瞻爾庭有縣貆兮！（魏風伐檀）

這些「素餐」的貴族食我黍，食我麥，食我苗，太久了，對人民卻「莫我肯顧」「莫我肯德」「莫我肯勞」（魏風碩鼠）。被統治者只好想像遠方的樂土，準備去追尋自己的桃花源，「上下既有判」，魏國不久被晉獻公消滅（西元前六六一），賞給畢萬做采邑（左閔元）。魏的國人是否逃亡，今不得而知，但城邦時代社會的閉鎖性極強，離開故土不但難以謀生，也易遭到異鄉人的排斥。西周末年的變亂似有不少流寓他鄉者，詩人歌曰：

此邦之人，不我肯穀（養）。言旋言歸，復我邦族。
此邦之人，不可與明（盟）。言旋言歸，復我諸兄。
此邦之人，不可與處。言旋言歸，復我諸父。（小雅黃鳥）

國人社會組織一解體，邦族也不是那麼容易「復」的。因爲凝固的社會結構將國人鳩集在一起，加上氏族共同體的遺習，造成一股力量，使貴族不敢輕侮。國人一流亡，這箇凝結體也烟消雲散了，他們的干政力量隨之瓦解。其命運與貴族莊園的領民無異，以前的身分地位不復保有，城邦時代瀕臨尾聲矣。

三　新時代的來臨

要明確指出城邦時代結束的時期是不可能的，一套悠久傳統的政治、社會和經濟體系⑪的崩潰不是一朝一夕的事。何況中國幅員廣大，各地有先後遲緩之別，戰國中期，山東半島的鄒國仍映著城邦時代的殘霞餘輝⑫。論者謂先秦社會的大轉變發生在春秋戰國之際，也就是典籍闕佚，無法編年繫事的百年，約當西元前五世紀末至四世紀末⑬。然這段空缺近人錢

---

⑪ 本書論「城邦」，從周初談起，非謂周以前的社會無城邦的某些特質。殷有城邑，即有城鄉的分野，學者或名曰「邑土國家」（見中江丑吉，中國政治思想史第五——七章），或名「邑制國家」（見松丸道雄「殷周國家の構造」及木村正雄，中國古代帝國の形成第二章第一節）。邑土或邑制國家或可說是城邦的前期。中江之書一九五〇年岩波書店出版，松丸之文收入岩波講座世界史古代四，木村之書一九六五年不昧堂出版。

⑫ 孟子梁惠王下：「鄒與魯鬨。穆公問曰：　吾有司死者三十三人，而民莫之死也，誅之則不可勝誅，不誅上則疾視其長上之死而不救……。」

⑬ 春秋經終於魯哀公十六年（西元前四七九），左傳終於哀公二十七年（西元前四六八），通鑑託始周威烈二十三年（西元前四〇三），至顯王三十五年（西元前三三四）始詳。左傳去通鑑，中間缺六十四年，以史事詳贍計則缺一百三十四年。參錢穆，國史大綱，葉四九。亦參見顧炎武，日知錄卷十三「周末風俗」條。

穆的先秦諸子繫年及通表已補足，除政局上統治者族姓正式的更換外，沒有什麼大不了的突變事件。歷史之流，「逝者如斯，不舍晝夜。」中國古代社會的轉變自春秋中葉以下，愈演愈烈。即西元前六、七世紀之交舊社會開始加速潰散解體，新時代也在這時發出曙光。其跡象甚多，本文僅討論國人、野人身分地位的轉變及新興士人集團的崛起，以概其餘。

（一）賦、稅改革及國人與野人身分地位差別的泯除

殖民貴族在土著的農莊共同體建立都邑後，要對殖民母體納稅輸賦，提供勞役。賦是出兵卒，有點類似後世的「勤王」。春秋初，周鄭交惡，蔡、衛、陳三國從王伐鄭（春秋經，桓五），就是盡「賦」的義務。列國貴族對公侯的義務大概也類此。原來有周天子的威權在，城邦間的吞併較不激烈，戰爭的規模比較小，列國向采邑貴族征的賦也不多；采邑的貴族還不須動用野人這批人力資源，何況兵者利器，不可輕易示人，野人首先只能當軍夫，輸草運糧，帶著繩板去築城而已（尚書費誓）。但春秋以後，城邦的併吞轉劇，戰爭範圍擴大，兵源補充就成了問題。有的起用未當兵的國人當兵，有的起用軍略要地或邊區的都邑之民及野人，最後擧國皆兵。野人輸賦，從出牛車、運草糧到執干戈上戰場，意味身分地位的大轉變。

春秋時代第一個發展軍國主義的是晉國。按照「封建」禮法，晉只能有一軍的武力，西元前六六一年晉獻公擴充軍備，作二軍（左閔元）。西元前六三三年晉文公蒐于被廬，作三軍（左僖二十七）；四年後蒐于淸原，作五軍（左僖三十一）；八年後舍二軍，復三軍之數（左文

六）；至西元前五八八年則改作六軍（左成三），永爲定制。軍備擴充，載記甚簡，今難以推斷其性質，但晉國由二軍躍爲三軍、五軍，其兵源大概是整編「州兵」的。晉國的州兵應外患而生，西元前六四五年，秦晉戰於韓原，晉軍潰亡，懷公被虜。大夫呂甥「朝國人」曰：

「君亡之不恤而群臣是憂，惠之至也，將若君何？」衆曰：「何爲而可？」對曰：「征繕以輔孺子。諸侯聞之，喪君有君，羣臣輯睦，甲兵益多，……庶有益乎？」衆說。晉於是作州兵。（左僖十五）

「州」是國的行政單位，據說齊「分國以爲五鄉，分鄉以爲五州。」（管子立政）又說二千五百家爲州（周禮地官鄭司農注）。州兵就是以每州做單位所組成的軍隊。原來國人當兵，但也有不當兵的國人，故狄攻衛時有「國人受甲者」（左閔二），自然也有不受甲者。韓原之戰，晉的兵力大概折損極大，小人「悼喪其親」（左僖十五），連國君也被俘虜。所以貴族要再「征繕」以輔太子。但晉作州兵於戰亂危亡之際，那是國人分得「爰田」（左僖十五）以後，自願幫助中央政府而組成的軍隊，非國家的正式部隊。這時晉國的統治階級常有政爭，十年後重耳入晉，政局稍定，越二年，文公在被廬行春蒐禮，典閱軍隊，整編的三軍大概就包括了私人結集性質的州兵。田與賦對稱，國人既多得耕地，那麼一家或一族所出的役丁也要增加了。鄭子產推行新政，使「廬井有伍」而遭國人之詈（左襄三十），大概也是整編無當兵義務的人民爲軍之故。

國君爲應付日益頻繁的戰爭除擴充國人的兵源外，貴族提供的賦役也加重，尤其是軍略要地或邊疆地區。這就是史籍所謂的「丘甲」（左成元）或「邱賦」（左昭四）⑭。丘的重要或廣袤大概近於都，決非村公社之名⑮，也不是周禮所指的「九夫爲井，四井爲邑，四邑爲丘」（小司徒），不到一百五十家的聚落。左傳以丘爲名的極多，如衛被狄亂，遷於楚丘，齊桓公會諸侯於葵丘等，似皆軍略要地。不論軍略要地或邊區的都邑，貴族或爲拓殖，或爲防範侵略，武備必須較內地的采邑强，自然要起用野人爲兵。如楚北境的申、呂，「是以爲賦，以御北方。」（左成七）而邊患激烈時，更不能不能向野人抽壯丁，故西元前五九〇年魯有「作丘甲」之擧。那時齊楚結好，魯新與晉，晉楚爭霸，齊爲同盟而攻魯（左成元）。故左傳的作者說：「爲齊難故，作丘甲。」晉文公「蒐于淸原，作五軍以禦狄」，增加的二軍大概包含有軍略區或邊區的野人。

各國擴充編整國人及徵調軍略區的野人爲軍，時代先後不一，但大體上西元前六世紀中葉以後，野人普遍有資格當兵了。西元前五四八年楚蔿掩爲司馬，令尹「使庀（治）賦，數

⑭ 宮崎市定將州兵與丘甲混一，我想是值得商榷的。見氏著「古代中國賦稅制度」（史林第一八卷第二、三、四號）。

⑮ 徐中舒，「試論周代田制及其社會性質」（四川大學學報第二期）。

甲兵。」

甲午蔿掩書土田，度山林，鳩藪澤，辨京陵，表淳鹵，數疆潦，規偃豬（瀦），町原防，牧隰皐，井衍沃，量入脩賦，賦車籍馬，賦車兵徒卒。（左襄二十五）

大概就這時編野人爲軍了⑯，所以十多年後楚王很自豪地說：「昔諸侯遠我而畏晉，今我大城：陳、蔡、不羹賦皆千乘……諸侯其畏我乎？」（左昭十二）陳蔡爲楚所滅，其地可出千乘，全部楚國的兵力可想而知。次年，北方的晉國「治兵于邾南，甲車四千乘。」（左昭十三）晉有四十縣（左昭五），一縣也出了百乘。西元前六世紀中葉以前，諸侯的兵力還不大，齊桓公稱霸也不過兵車八百乘（齊語），晉楚城濮爭霸戰（西元前六三二年），晉軍八百乘（左僖二十八），後來的晉齊鞍之戰（西元前五八九年），晉也只出八百輛戰車而已（左成二）。幾十年間晉變得全國皆兵，大概亦採取與楚相仿的改革，編組野人軍隊。魯小國，春秋末年也起而效尤，在西元前四八三年「用田賦」（左哀十二）。舉田皆賦，即土地上的勞動者都要當兵。距離「作丘甲」已超過百年了。故知諸侯擴張軍備的過程，先吸收未役的

⑯ 從山林以至衍沃大都屬於野的範圍，蔿掩既然調查資源，雅有十一世紀英格蘭William the Conqueror的 Domesday Book 之義。左傳又與賦役連言，本文的推論或非空泛。

鄙人，次組織軍略區的野人，最後是全國皆兵。各國改革的時間雖不一致，但由國及於丘，又及普通的邑，其階段進展大致是相仿的。

據封建禮法，當兵是權利不是義務。按理當兵特權由國及野，應是丘野民氓身分的大解放，孔子何以對季氏「用田賦」大表不滿？這要從「公」民與「私」民界限的打破看，公私之混淆則由采邑性質的轉變而起——也就是縣變質的問題。

縣的起源或舉楚⑰或舉秦⑱，今難詳證，細案史籍，秦縣在春秋似乎推行不廣，其性質也不太清楚。⑲楚縣也很特殊，似直屬中央，但具極高的自主性；多為貴族控制，但又不能證

---

⑰ 顧頡剛，「春秋時代的縣」（禹貢半月刊第七卷第六、七合期）。

⑱ 冉昭德，「試論商鞅變法的性質」（歷史研究一九五七年第六期）。

⑲ 秦縣的歷史早到西元前七，八世紀之交。秦武公十年（西元前六八八）「伐邽冀戎，初縣之。」（秦本紀）翌年，「初縣杜、鄭。」（秦本紀）這次設縣大概也和征伐有關。所以過兩代四君到穆公時，晉人說他「實有郡縣」（晉語二）。但自武公以後二百三十多年載記不言縣事，逮厲共公二十一年（西元前四五六）纔「初縣頻陽」（秦本紀）。又過百年，孝公十二年（西元前三五〇），商鞅變法，「幷諸小鄉聚，集為大縣，縣一令，三十一縣。」（秦本紀）次年，「初為賦」（秦本紀）。大體上商鞅以前秦的社會是小聚落，農莊結構經他調整後，賦稅法制也跟著改變。秦紀未遭火焚，數百年不設縣諒非史籍殘闕之故；如果西元前七、八世紀之際秦就有後世意義的縣，三百多年後商鞅纔幷鄉聚為縣，設縣令，未免難解。今按商鞅變法多以中原改革的歷史經驗，厲行於秦，改造秦的舊社會，不是秦已有之他又來大事推廣。春秋初期秦縣的性質還須進一步的探討。

明是世襲的。⑳不過早期中原的縣大抵是貴族的采邑，晉胥臣薦舉郤缺有功，西元前六二七年襄公賞以「先茅之縣」（左僖三十三）。西元前五九四年晉勝秦於輔氏，「晉侯賞桓子狄臣千室，亦賞士伯以瓜衍之縣。」（左宣十五）室即勞動力，指農莊共同體的成員。縣、室並稱，其義甚明。後來楚國聲子告誡令尹子木開赦伍舉的罪，因爲舉準備投奔晉國，「晉人將與之縣以比叔向」（左襄二十六）。叔向是晉的名族，伍舉有縣而與之比，也可推見這是作爲私人采邑的縣。縣之別於一般的采邑者，大概比一般采邑大，出得起重賦。所謂「箕襄、邢帶、叔禽、叔椒、子羽皆大家也，韓賦七邑皆成縣也，羊舌四族皆彊家也。」（左昭五）「縣」與大家、彊家互稱，最饒意義，據說一縣能出百輛大戰車（長轂）（左昭五）。

---

⑳ 楚的征服地也往往設縣。武王（西元前七四〇—六九〇）「克權……尹之」（莊十八），文王（西元前六八七—六七七）「實縣申息」（哀十七），設縣之始可能早過於秦，但楚縣的性質恐怕和後世郡縣制的「縣」還是不一樣的。楚縣當然是一種新制，與傳統的「封建」有別。西元前五九八年楚因陳國夏徵舒之亂，率諸侯伐陳，「因縣陳」。申叔時批評說：「今縣陳，貪其富也。」楚王「乃復封陳」（宣十一），縣、封對言。縣的賦稅頗有繳納中央的意味，故曰「貪其富」。六十四年後，陳夷爲縣，（昭八）這箇縣有人卻說是「國」。當楚靈王很驕傲地說：「今我大城陳、蔡、不羹（杜注，二不羹），賦皆千乘……諸侯其畏我乎？」令尹子革對曰：「畏君王哉？是四國者專足畏也！又加之以楚，敢不畏君王哉！」（昭十二）令尹口中的「國」即楚王的大城縣。在范無宇的心目中，陳、蔡、不羹和傳統的大都邑，如衛戚、宋蕭、魯費並無差別。（楚語上）楚縣的首長稱「公」，又稱「縣尹」（襄二十六），據史傳，縣公、縣尹大多貴族出任。「楚武王克權，使鬥緡尹之。以叛，圍而殺之。」（莊十

八）按，門氏出自若敖熊儀，是楚國貴族，「若敖娶於邔，生門伯比」（宣四），若敖又有一子曰門廉。（參見梁玉繩，漢書人表考，卷五「門伯比」「門宜申」條）。楚滅申依然以貴族治申，史傳有「申公門班」（莊三十），班是若敖孫（莊三十正義引杜預世族譜）。後來有申公巫臣者，申之縣公也，又名「屈巫，屈氏別族。」（梁玉繩，人表考卷六「申公巫臣」條）也是貴族。我懷疑西元前五八五年「以申、息之師救蔡」的「楚公子申、公子成」（成六）也是貴族任申、息之縣公者。至於春秋末期的白公勝，又稱王孫勝，楚太子建之子（梁玉繩，人表考，卷六「楚白公勝」條），因為白是楚邑（哀十六，杜注），他任白的縣公絕無問題。楚以近族長縣似乎成為傳統的慣例，如西元前五三一年楚滅蔡，史傳明言「使（公子）棄疾為蔡公。」（昭十一）今論郡縣制的源起，不可忽略郡縣是文官制度的重大基礎，其根本精神是中央權力伸張，任用王家親戚以外的才幹之士當政，如果縣政仍然操在貴族手中，猶脫離不了「封建」色彩的，但我們無法證明貴族的縣可以和采邑一樣世襲，而且縣公也有非貴族者，如穿封戌、葉公子高等。穿封戌原任「方城外之縣尹」（襄二十六），後「為陳公」（昭八），其族系無考。葉公子高亦曰葉公諸梁，亦曰沈諸梁，（劉寶楠，論語正義述而篇「葉公問孔子於子路」章，梁玉繩，人表考卷三），大概不是楚的貴族。然而楚縣自主性甚高。西元前五九五年，楚圍宋，「師還，子重請取於申、呂以為賞田，王許之。申公巫臣曰：不可。此申、呂所以邑也，是以為賦，以御北方；若取之，是無申、呂也。」（成七）杜預注曰：「言申、呂賴此田成邑耳，不得此田則无以出兵賦而二邑壞也。」申、呂的地位正如前引的陳、蔡、不羹。據令尹子革的意思，諸侯並不畏楚王，而是「四國專足畏」，再加上楚才更可怕。（昭十二）楚縣地位亦隱約能見其端倪。故楚靈王滅陳，「諸侯，縣公皆慶寡人」（宣十一），是縣公地位與諸侯埒等。縣公地位特殊，故方城外的縣尹穿封戌敢無理妄賴，「怒抽戈逐王子圍」（襄二十六）；而白公勝之亂，「葉公在蔡，方城之外皆曰可以入矣。」擁有方城以外之地，終能攻破白公，「白公奔山而縊」，（哀十六）這種縣的性質顯然不同於郡縣之「縣」。

那麼西元前五二九年邾南治兵的四十縣是怎樣來的，是屬於貴族私人的或晉侯的？如前所論，城邦早已不斷侵蝕吞併，貴族的「爭田」、「分室」亦史不絕書，強宗大族於是形成。魯有三桓，齊有陳氏，晉有六卿。貴族坐大，公室衰微。西元前六世紀中葉以後，「晉公室卑，政在侈家。」（左襄三十一）叔向慨嘆「公乘無人，卒列無長……民聞公命，如逃寇讎……政在家門，民無所依。」（左昭三）當權派的貴族在中央掌握大權，在地方則瓜分破落貴族的采邑。晉的祁氏和羊舌氏滅，西元前五一四年魏獻子執政，「分祁氏之田以為七縣，分羊舌氏之田以為三縣」（左昭二十八），縣設大夫。縣大夫有疑難要請示中央。獻子使魏戊治梗陽，梗陽人有獄，戊不能斷，「以獄上」獻子（左昭二十八）㉑。表面上這種縣已具有後世郡縣意義的「縣」，和莊園采邑之獨立自主者截然不類；其實不過是變象的莊園。同上引的梗陽獄案，梗陽大宗以女樂賂獻子，魏戊曰：

主以不賄聞於諸侯，若受梗陽人賄，莫甚焉！（左昭二十八）

戊為縣大夫，稱獻子曰「主」，大概縣大夫對執政的關係本質上還是與城邦時代家宰對領主

㉑ 西元前四九一年，楚圍蠻氏，蠻子赤逃亡到晉的陰地，楚司馬販發動豐、析二邑與狄戎之兵「以臨上雒」，派人向「陰地之命大夫士蔑」申明「晉楚有盟，好惡同之，」勸他不要包藏蠻氏，否則兵戎相見。「士蔑請諸趙孟」。（哀四）按，陰地晉縣，士蔑官縣大夫，關係重大的事件是要向中央執政請示的。

的關係差不多的。或曰：「縣師專主公邑之地……本六遂中小都、大都之餘。小都、大都屬大夫爲采地；而公邑則遙屬王官。故謂之縣者，如縣物然，有繫屬之義焉。」㉒在晉國縣不一定與貴族采邑有別，但說縣是公邑大致不差，而且也很可能是軍略要地，固重賦。不過這時少數彊宗大族一方面合併傳統的貴族莊園，另方面又在中央執政，虛尊公侯，晉有四十縣，屬公屬私的問題已無甚意義，大族已經假公濟私了，所以六家呑併成四家，四家成三家，三家分晉，順理成章，沒有遭到大阻礙。傳統專族莊園的獨立性就是在强宗假公濟私的過程中喪失的，野人也在這過程中大量投入軍旅，與國人差異的社會地位乃逐漸泯除。

春秋中葉以下的社會朝「私」的方向發展，大貴族擴張私家的勢力，毀壞傳統的禮法，把城邦時代平民那一點「自由」和保障剷除殆盡。最明顯的例子是魯國三桓「三分公室而各有其一」，使原來隸屬於魯公的國人改隸爲貴族的領民，與野人並齒。西元前五六二年季武子作三軍，分國人爲三，三桓各得其一，孟孫氏所得的一半，多年青子弟，隸屬爲自己的私人，叔孫氏最苛酷，「使盡爲臣」；季孫氏「使其乘之人以其役邑入者無征，不入者倍賦。」（左襄十一）在「倍賦」的威脅下，沒有那個死硬派再向魯公納稅輸賦，進貢供役了，個個對季氏行野人禮。季氏手段雖巧妙點，實與孟、叔二氏無異。魯公無民了，「民（亦）忘君矣」（左昭三十二）。魯公既然喪民，也就收不到稅。到孔子時代，「季氏（已）富於周公」。

㉒ 參見席世昌，讀說文記，引自說文解字詁林正補合編第七卷九九七葉。（鼎文書局）

（論語先進）。齊國的陳氏收攬民心，大概對人民比較優待；而當時齊侯確實太苛虐國人，「民參其力，二入於公而衣食其一」(左昭三），人民大舉逃亡，即使嚴施刖刑，「屨賤踊貴」，國人還是「歸於陳氏」（左昭三）。變成陳氏的領民，原來國人的身分地位也消失了。

大貴族的兼併和爭權使「公」民的地位降低，國人階級解體；同時擴充軍隊，起用野人為軍，野人也隨着領主在中央的得勢，名義上「私」的領民身分也消失了。三卿分晉，陳氏代齊後公私之分根本沒有需要，也沒有意義。但野人身分地位提高只是名義的，實質沒有得到什麼好處，而且隨著戰爭的頻繁加劇，當兵不再是權利，反而變成苦役。季氏「用田賦」，使全部的野人都負擔軍役，孔子乃批評曰：

> 君子之行也，度於禮：施取其厚，事舉其中，斂從其薄，如是則以丘亦足矣。若不度於禮而貪冒無厭，則雖以田賦將又不足！（左哀十一）

據說城邦時代，魯國的野人只出「稯禾、秉芻、缶（庾）米」的九分之一（魯語下）㉓，未有軍賦之苦。百年前「作丘甲」，迫於外敵，「事舉其中」，猶還可說，今舉國皆賦是太「

㉓ 韋注，聘禮曰：十六斗曰庾，十庾曰秉。秉二百四十斗也。（按，似一百六十斗之誤。）四秉曰筥，十筥曰稯。稯，六百四十斛也。

貪冒無厭」了。

論者多說春秋戰國的大變局使人民得以「解放」，野人當兵，其實質意義已如上文，而所謂「稅畝」的土地稅法改革，所帶來的解放意義也多使讀史者感慨係之。

大體上城邦時代的野人無稅，因爲他們沒有私產。這種情形如在平靜穩定的狀態下或許可以持續下去，但農莊人口不斷增加，須多闢田土才能維生，貴族擴張采邑，封疆之限也日除。原來貴族對新墾地就准予免稅，所謂「凡新甿之治皆聽之，使無征役，以地之微惡爲之等。」（周禮地官旅師）相因爲例，農莊成員在耕種傳統分配地以外的田土，其生產品可能不繳入莊園的倉庫，也許仿國人之例，繳些給貴族，也有逃稅的。這種情形長久下去，貴族的收入相對減少，他們爲應付這種變局乃採取「稅畝」的方法，魯國在西元前五九四年開始實施（左宣十五）。公羊傳說，稅畝是「履畝而稅」，按照每人的耕種面積抽稅。於是不限於傳統的耕地，連新墾地，不論正式或私闢的，都一律丈量征稅，貴族收入大大增加，故左傳作者釋「初稅畝」曰：「以豐財也」（左宣十五），正得本旨。

稅畝法對貴族而言最爲簡便，大概到春秋末期普遍推行。公孫龍爲晉國范氏的家宰，專門收稅（哀二）。貴族只坐拿成糧，不必負擔野人的生活，故「相地而衰征」（管子乘馬），畫分土地等則，爲的收稅方便。只認土地不認人，於是乃有土地買賣，有平民地主，農人可以脫離農村到城市謀生，但農村却出現一種新身分的耕作者——雇農。西元前五四六年齊申鮮虞因崔氏之亂奔魯，「僕賃於野」，爲齊莊公發喪（左襄二十七）。早在西元前六世紀中葉，文獻已出現魯國有雇農了，這時距履畝而稅還不到五十年呢！戰國以來沒有土地的耕作者更多，有所謂的「賓萌」（呂氏春秋高義），傳說還有「傭肆」（說苑十一），可能是勞動者等待雇用之地。傭耕農夫的生活很差，「量腹而食，度身而衣」（呂氏春秋高義），有的甚至窮得討不起老婆㉔。這樣的身分解放不一定值得吧？

（二）新興士人的崛起

土地束縛雖然解除，人身也自由了，但有多少野人離開農莊，他們到都城又何以謀生，是很可懷疑的。戰國時期輝煌燦爛的都市文明恐怕是國、都之人（包括貴族的後裔）創造出來的。趙的中牟是當時很著名的例子，趙襄王使王登爲中牟令，「一日而見二中大夫，予之田宅。中牟之人棄其田耘，賣宅圃而隨文學者邑之半。」（韓非子外儲說左上）這些人形成縱橫捭闔的士人集團，後世意義的「士」——知識分子、讀書人——也在這時誕生。

論者謂貴族政治時代世官世祿，未有專以賣學藝材能爲餬口之階級，是對的；但強分士爲文士和武士則非㉕。本書已指出城邦時代無士農之分，後世所謂士是最低階級的貴族恐怕是戰國以後之論。新興士人固可謂文士，但不是相對於戰國的武士而言，那時幾乎是全國皆

㉔ 韓非子外儲說右下：「齊桓公微服以巡民家，人有年老而自養者，桓公問其故，對曰：臣有子三人，家貧無以妻之，傭未及反。」託之齊桓，不必坐實。

㉕ 馮友蘭，「原儒墨」（收入中國哲學史補篇）。

兵了。新士人當源出於允文允武的家宰。

> （趙）宣子田於首山，舍于翳桑，見靈輒饑。問其病……曰：宧三年矣，未知母之存否。（左宣二）

禮記雜記註：「宧，家臣也。」貴族的家等於小國，要請很多人來管理家務和莊園，這些人便是家臣，又稱家宰，或簡稱宰，通常是博學多能的。智襄子的家臣「秉筆事君」，勸諫襄子不要營建壯麗居室，還能「志有之曰」的說一番道理（晉語九）。他們多識前賢美行，通曉歷史，能補政事，所以范宣子與和大夫爭田，猶豫不決之際，叔向推薦家老訾祏幫他釋疑。叔向贊美「訾祏實直而博。直能端辨之，博能上下比之。」博學而善斷大概是好家臣必備的條件。訾祏果然博學，歷數晉國往昔執政的美績，說得宣子心悅誠服，「益和田而與之和」。訾祏死後，宣子還對人惋惜：「昔者吾有訾祏也，吾朝夕顧（問）焉，以相晉國，且為吾家。」（晉語八）眞可謂才智之士了。

家臣不但博學多聞，善謀能斷，而且驍勇善戰。前引靈輒當過三年的家臣，後又投入晉靈公衛士的行列，靈公埋伏武士刺殺趙盾時，救盾一命（左宣二）。趙簡子有家臣董安于，亦善戰，史書說：「下邑之役（西元前四七九年），董安于多。」（晉語九）他們從博學經允武到善斷，一生大體可分成三個階段。董安于敍述他的經歷曰：

方臣之少也，進秉筆，贊為名，命稱於前也，立義於諸侯，而主弗志。及臣之壯也，耆其股肱以從司馬，苛慝不產。及臣之長也，端委韠帶，以隨宰人，民無二心。(晉語九)

這三階段後演為三類型，都不難從孔門弟子中尋其痕迹。「束帶立于朝，可使與賓客言」(論語公冶長)的公西赤，「非曰能之，願學焉。宗廟之事，如會同，端章甫，願為小相焉。」(論語先進)即「進秉筆，贊為名，命稱於前世，立義於諸侯」一型。冉有、子路都為季氏出過主意，發動戰爭，㉖尤其子路能使危國之民「有勇」(先進)，比起「耆其股肱以從司馬」是更進一步了。孔門多為邑宰的㉗，大概既所謂「端委韠帶，以隨宰人，(使)民無二心」的

㉖ 論語季氏篇「季氏將伐顓臾」章。

㉗ 孔子弟子為邑宰者，考之論語，左傳及史記仲尼弟子列傳有——子游為武宰(雍也)，子羔為費宰(先進)，列傳作費郈宰，會注考證引沈濤曰：「史記費字衍文，藍古本論語作郈宰，不作費宰。論衡藝增篇正作郈宰，可見漢以前本皆如是也。正義但釋郈，不釋費，可見據本無此字。」亦嘗為衛大夫孔悝之宰(哀十五)。子路為蒲大夫(列傳、荀子大略)，為衛大夫孔悝之邑宰(列傳、左傳)，為季氏家臣(季氏)。宰我為季氏宰(季氏)，無明文何邑之宰，但冉求的長處是「千室之邑，百乘之家可使為之宰」(公冶長)，服務於季氏必是宰臣之流的。又為臨淄大夫(列傳)。宓不齊為單父宰(列傳)。原憲亦嘗任家邑宰(雍也)，閔子騫則拒季氏之費宰(雍也)。

一類。一般說當邑宰身爲一方之「長」，年紀要大點，故子路使子羔爲費宰，孔子罵他「賊夫人之子」（先進）。這三類型固非截然可分，孔門的代表則是子路能治賦（軍），冉求善爲宰，公西赤長於相。（公冶長）

孔門繼家臣傳統而來，韓非說：「季孫養孔子之徒……以十數。」（外儲說左下）「子張學干祿」（爲政），人不以爲恥，孔子也說過「學而優則仕」，還推薦過漆雕開去做官。（公冶長）當時風氣如此，致使孔子慨嘆「三年學，不至於穀，不易得也。」（泰伯）孔門干祿就是去當家臣，世傳六藝之教：禮、樂、射、御、書、數，恐怕是結集歷史經驗的結果，也應乎當時需要。習禮樂以爲相，練射御以治軍，操書數便去當家臣。孔門弟子固多見有傳統的家臣倫理。家臣深具貴族莊園「假氏族血緣聯繫」的習性，稱領主曰「主」，領主亦爲其子之「主」。（左哀五）子夏說：「事君能致其身」（學而），子張說：「士見危致命」（子張），都是家臣的倫理道德信念。眞正身體力行的則有宰我與子路。宰我爲齊簡公宰臣，死於田常之亂[28]；子路爲孔悝而死。子路可以不死，然不得不死者只因爲他是孔悝的邑宰（史記本傳），「食焉不辟其難」，不直「求利焉而逃其難」的行爲，固執「利其祿必救其患」（左哀十五）的傳統家臣倫理，竟致殉職。

固守傳統的家臣倫理恐怕開啓不了新士人的生機。孔子偉大之一是能繼往開來，擺脫狹

---

[28] 錢穆，先秦諸子繫年考辨第二七條「宰我死齊攷」。

窄的家臣倫理信條，爲知識分子啓發更崇高的理想，揭示更崇高的人格。據說孔子當過季氏的家臣㉙，自謂「吾少也賤，故多能鄙事。」但一生稱美管仲不遺餘力，許曰「如其仁」。

子路曰：「桓公殺公子糾，召忽死之，管仲不死。曰：未仁乎？」子曰：「桓公九合諸侯，不以兵車，管仲之力也。如其仁！如其仁！」（憲問）

按照傳統禮俗，召忽才是典型的宰臣；但孔子看來，他的美德只是「匹夫匹婦之爲諒」而已（憲問）。管仲的偉大在協佐桓公會合諸侯，使華夏文化不致淪亡，所謂「微管仲，吾其被髮左衽矣。」以「私暱」的身份行「社稷」之臣的實務㉚。孔子所努力的是把當時私人隸屬的「士」扭轉爲社稷之臣的「士」。原來在城邦時代，只有大貴族的子弟才有資格爲社稷之臣，其他的才智之士頂多是家臣私暱而已：這是先天的限制。孔子卻立意把這種先天限度轉爲後天條件，他希望新士人要以「以道事君，不可則止」的「大臣」自期許，不要當一個死守傳統家宰倫理的「具臣」（先進）。子路和冉求果然是「具臣」（先進），子路問「管仲不死」固有以也，可惜他至死不悟。孔子在潑肉羹之餘，還忍心責備他「言必信，行必果，

㉙ 孔子世家曰：「嘗爲季氏吏，料量平；嘗爲司職吏，而畜蕃息。」
㉚ 參見左傳襄公二十五年條晏嬰語。

硜硜然小人哉」子路嗎？

孔門對孔子新士人的精神有所契悟的似只二人：前有顏回，後有曾參。孔子呼顏回曰：「用之則行，舍之則藏，唯我與爾有是夫！」也是「求善賈而沽諸」，然猶「待賈者」（子罕）之義。於自己的理想不合則有所不爲，故終日皇皇，深怕失君，還是不肯放棄「直道而事人」（微子）的原則，還是同情長沮、桀溺的辟世之士，慨嘆「吾非斯人之徒則誰與？」（微子）曾子傳其學，除擔待「託六尺之孤，寄百里之命」的大任，還要「不可不弘毅，任重而道遠。」（泰伯）仁以爲己任，是夠重了；死而後止，是夠遠了。直如千寺洪鐘，響徹宇宙。曾子要擔當的是孔子未輕易許人的「仁」，不枉道以事人，故嘲笑「脅肩諂笑」之徒「病于夏畦」（孟子滕文公下）。諂俗媚世，曾子不爲。

孔子的新士人氣概在戰國儒家中只見孟子發揚光大。另外東方特立獨行的士和南方有所不爲的士，或受春秋末年隱者的影響，必也受孔子的啓發。不在本文範圍之內，玆存而不論。

城邦崩潰了，大貴族並未垮台。戰國七雄秦除外，楚還是貴族世代執政，三晉是異姓大宗，齊則爲陳氏所取代，都是春秋時代的大貴族。國人解體，新興士人以個人身分參政，因爲喪失群衆基礎，上焉者淸流，馳騁理想，難補實際；下焉者十足的機會主義，唯求一己的榮華富貴。士人而至如此地步，亦可悲矣！這段複雜的歷史，尙待專篇論述。唯野人名義上得到自由之身，世亂日岌，統治壓榨更緊，他們的日子也許比「不自由」的時代更不如。統治者不再負責人民的生活了，只知徵歛租稅。龍子曰：「將終歲勤動，不得以養父母，又稱貸而益之，使老弱轉乎溝壑。」（孟子滕文公上）人民納不足稅，則「君行律度焉」，慘「被刑僇」（管子乘馬數）。曾子的學生陽膚爲士師，治獄，曾子囑咐他說：「上失其道，民散久矣，如得其情則哀矜而勿喜。」（論語子張）城邦時代以來，人民空得自由身分之名，換來的是饑饉、爭戰、殘刑、流亡、轉乎溝壑！歷史的演變孰得孰失，讀史的人能不有所慨嘆悲痛於其間乎？

附錄

尚書中的周公

——兼從周初史實看周公稱王之辯

一 序言：處理問題的基本態度

周公是我國歷史上一位大偉人，但他一生的事蹟向來沒有明白精確的記述。從較早的史記起便收容異說，瑕疵互見；時代愈下，述其行誼事功愈含混，終至於張冠李戴，將他的豐功偉業移到成王身上①。周公之偉大，史實昭彰，讀者固不難尋繹其端倪，無待本文汲汲辯護。然而說史者論及周公業績總要加上一頂太上帽子：東征是奉成王之命東征，文誥也是奉

① 參見屈萬里，「西周史事概述」（中央研究院歷史語言研究所集刊，第四十二本第四分，六十年十二月）。葉達雄，「西周文武成康時代的文治與武功」更敷衍這種意見。說見國立臺灣大學歷史學系學報，第三期（六十五年五月）。

成王之命而發布的告誡②。一位不世出的英傑變成奉命惟謹的拘士，碌碌庸庸的成王變成承基奠業的明君。於史失實，於理不暢。其所以致此者恐怕是周公「不能」稱王的潛意識在作祟。本文無意對周公是否稱王的兩造論辯一一摘評③，只就周初史實提出一己淺見。我們深信，史實明，稱王之辯自然顯。

在處理問題的基本態度上，我認爲必須拆下任何有色眼鏡。譬如鄭康成釋大誥「王若曰」的王字爲周公，孔穎達正義斥其非，以「周公自稱爲王則是不爲臣矣，大聖作則，豈爲

---

② 此論可以錢穆為代表。他說「西周事中顯見有一重要人物躍然欲出，那便是周公……我們要來研究周公的思想理論及其政治設施，當然這十幾篇西周書成為了主要材料。」（中國史學名著，葉十，三民文庫）這十幾篇西周書既然主要表現周公的思想和事蹟，其中很多的「王曰」和「王若曰」當係周公演說才對，但錢氏直到最近仍然堅持「周公終其身為臣不為君」。說見中研院三民主義研究所專題選刊之七「治統與道統」，葉二（六十六年五月）。

③ 近人之辯主張周公稱王者有徐復觀「與陳夢家屈萬里兩先生商討周公旦曾否踐阼稱王的問題」（東方雜誌，復刊六卷七期）及「有關周公踐阼稱王問題的申復」，二文具收入氏著周秦漢政治社會結構之研究（學生書局，六十四年三月臺再版），黃彰健著經學理學文存收錄周公稱王考辯之文三篇（臺灣商務印書館，六十五年一月），又近作「四論周公受命攝政稱王問題」（大陸雜誌，五十四卷三期，六十六年三月）。主張周公不稱王者，屈萬里「關於所謂周公旦『踐阼稱王』問題，敬復徐復觀先生」（東方雜誌，復刊七卷七期），程元敏「周公旦未曾稱王考」（孔孟學報，二十八期、二十九期），及葉達雄，前文。

是乎？」即使以「考而後信」自律的崔東壁駁晉慕容盛「周公專權代主」之說，亦謂「盛本詐諼之人，故以小人之腹度君子。」④周公所作何則，所謂君子小人之腹何辨，史考不詳，率爾論斷，以數千年後之體制說數千年前之故實，以帝王權威樹立後之倫理觀念逆推帝王權威樹立前的君臣關係，其不失於訴諸情感臆測，亦難免方枘圓鑿之譏。這些有色眼鏡不除去，一切論辯徒增糾紛而已，對於史實之釐訂毫無補益。此其一。其二，引述先秦典籍，盡量避免泥於文字表相。諸子著述，胸中先橫有主見，徵引故事旨在證成其說，而不斤斤於故事之精密徵信，賓主瞭然。對於他們所引述的故事觀其大略可也，若必尋章摘句，字字推敲，有時反而易流於「采薜荔兮水中，搴芙蓉兮木末。」故學者根據古籍「相」「攝政」「踐阼」等字眼以論證不稱王的態度⑤，為本文所不取。何況周公以下西周二百餘年⑥稱王事蹟難免受到某種程度的粉飾，今孜孜於一二字句之考證訓詁而忽略大體，正中粉飾者的調虎離山計。這類資料宜列入不討論之例。第三，本文論證過程以尚書解尚書為主，證以周金銘文，其他稍後的記載聊資備考，漢魏以下之作益無足觀矣。惟古往史實之研究，我們所探討的對象是活的人與事，但根據的資料卻是死板的記載。尚書的王曰云云不僅止於三橫一豎的

---

④ 崔東壁遺書「豐鎬考信錄卷之四」，葉四（河洛圖書出版社，六十四年九月臺景印初版）。

⑤ 參見陳夢家，西周銅器斷代（一），葉一三—一四，及程元敏，前文。

⑥ 據陳夢家推測西周二百五十七年（西元前一〇二七—七七一），見陳氏前書葉二—三。

王字，而是一箇活生生的人在那邊說話，話的氣勢有個性，話的內容有緣由。可惜人事無盡而載記有窮，固必貴乎能通識大體，批導人情，以補史籍之不足。如是而周初史實與周公事蹟庶幾乎可以得其大略而鞭辟入裏。

至於成王年齡大小，論者肆力博辯，其實不是問題的核心。中外歷史上小皇帝固然不易攬權，但沒有長大當皇帝就能保證權力不旁落的。這已屬於常識範圍，不足深辯。

二　武王克殷前後的局勢與周公稱王的原委

武王克殷後，封同姓、功臣謀士、先聖王之後，「徵九牧之君，登豳之阜，以望商邑。」(周本紀、逸周書度邑篇)回到周都，憂慮天下未集，如芒在背，日夜不能寐，因爲紂王雖敗死，殷人勢力依然未遭到致命打擊。度邑篇所謂「維天建殷，厥徵天民名三百六十夫，弗顧亦不賓戚(擯滅)，用戾于今。」故「憂茲難近，飽于卹，辰是不室，……未定天保」，於是周公來見，兄弟夜論天下大勢。檢討殷人之衰，周人之興，「維天不享于殷，發之未生，至於今六十年。夷羊在牧，飛鴻滿野，天自幽不享于殷，乃今有成。」(度邑)並且討論在伊雒營建周都。武王曰：「自雒汭延于伊汭，居易無固，其有夏之居。我南望過于三塗，我北望過于嶽鄙，顧瞻過于有河，宛瞻延于伊雒，無遠天室。」(度邑)而後才能「縱馬於華山之陽，放牛於桃林之虛，偃干戈，振兵釋旅」(周本紀)，以示天下眞正的太平。

史書或謂武王克殷後六年而崩（逸周書明堂篇），或謂七年而崩（管子小問篇），終嫌不愜。逸周書度邑篇明明記述「王至于周，自鹿至于丘中，具明（達旦）不寢。王小子御告叔旦，叔旦亟奔即王」，似頗緊急。當武王說：「今維天使予，惟二神授靈（零）期」，雖代殷爲天下共王，然大局尚未定，使皇祖「不得高于上帝」，似知自己不久人世之語。故「叔旦泣涕于常（裳），悲不能對。」⑦度邑篇之言很有臨終遺囑之意，也許不久武王就去世，故逸周書作雒篇曰：「武王克殷……既歸，乃歲十二月崩鎬，肂于岐周。」這樣的記載與尙書並不相悖。尙書金縢曰：「既克商二年，王有疾弗豫。」就是因爲短短兩年，周本紀纔說「武王病，天下未集，羣公懼，穆卜。」在這麼緊急危難的情勢下，周公祈禱祖先願以身代武王死，才更合乎情理。雖然祈禱過後，武王病情據說稍稍好轉，也許是廻光反照，而所謂「王翼日乃瘳」（金縢），或「武王有瘳」（周本紀），恐怕皆係虛筆，因爲尙書及史記的下文都緊接著記載武王崩。果眞康復，依克殷後六或七年而崩之說，則其間四、五年的時光武王絕不會對他一向憂思不寐的定國大計一點也不提，一事也不做⑧。惟其武王克殷，不久崩逝，周公對諸侯說的「弗弔，天降割（害）于我家，不少延」（大誥）才見實情。故我們不宜

---

⑦ 朱右曾逸周書集訓校釋云：「二句錯簡，當在不得高位于上帝下。」（商務，人人文庫，葉七一）玆從之。

⑧ 關於金縢篇之解析可參考黃彰健「釋周公受命義」。收入氏著經學理學文存。

忽略尚書「二年」的記載，而史記封禪書所謂「武王克殷二年，天下未寧而崩」，絕非無所根據。詩經豳風譜疏的四年說⑨反而有點畫蛇添足，淮南子要略之三年說也許因年頭年尾多湊上一年⑩。至於六年、七年之記雖有周書明堂，竹書記年佐證，對於當時情勢則說不通。至少不營雒邑，不可解一；開國八、九年（二年加上六、七年）未有內亂外患，竟未立下治國規模，不可解二。這都不是開國之君的常情，與武王、周公夜論天下大勢的記載也扞格難通。所以我們認爲伐紂越二年，武王崩，崩而天下大亂。這箇爛攤子便等待周公來收拾。

大體上周人伐紂以前的勢力可能東不出豫西山地，南不越太行中條。殷末周人的東鄰是盤踞在今河南省西部一帶的同姓別支、已深染東方氣息的召族，以召公爲族長⑪。殷商之世

⑨ 周本紀會注考證引詩豳風譜疏，謂鄭氏以武王疾瘳後二年崩，是在位四年。

⑩ 陳夢家推斷武王在位三年（西元前一〇二七—一〇二五）。見前引書，葉二。

⑪ 或謂召公非周人，這是和傳統史料極不吻合的新說。史記燕世家曰：「召公奭與周同姓，姓姬氏。」漢人說他是文王之子，如白虎通王者不臣章、論衡氣壽篇、書詩疏及詩禮釋文引皇甫謐曰都有這種意見。梁玉繩已辨其非，如果召公是周公之兄（論衡）食邑於畿內（燕世家索隱）他在周初又是顯赫蓋世的人物，春秋時代鄭國富辰論封建親戚的歷史文之昭十六國却不見有燕或召（左僖二十四），殊屬費解，故燕世家集解引譙周曰：「周之支族」蓋欲彌縫這點矛盾也。召族後來立國於燕，與姜齊互通婚姻，可能是姬姓，不過燕世家對燕國初期的歷史，除召公外「自召公已下九世至惠侯」這段長久的時間記載闕如，太史公對燕初史料掌握也很有限。據日人白川靜考證，卜辭有[illegible]（前二・二一・五）[illegible]（前

二・二二・一）形近金文的□（伯害盉，太史友甗）或□（害鼎），隸定作召，簡作□（前四・三五・七，七・三六・一作□，後、下・一・四作□）。白川氏根據殷王遊獵之卜辭推斷召地當在河內，與盂、侯□、雝、向、孟等地近。卜辭有「貞、西史召亡囚」（乙四五三六），又有「貞、召河□（𡙇）于蚰、□雨」，似召乃在殷都西方而近于黃河的方國，戴殷為共主，為西史，然召與殷和戰不常，卜辭多有征伐召方之記錄，如

于辛巳，王正召方（佚、五二〇）

□王登□往伐召方受又（粹、一一二六）

丁未貞，王正召方，在戰卜，九月（寧一・四二七）

乙亥貞，令王族追召方，及于……（南北、明、六一六）

等等，「召方來，告于父丁」（甲、八一〇），可見殷、召的關係。（以上見白川靜「召方考」，收入甲骨金文學論集，朋友書店）。

召與殷為敵，是否就是周人，今不能詳，惟從今日知見所及的周初銘文推斷，召族喜以干支命名，與殷人同俗，似乎深受東方民族的影響，和西方的周人不太相類。周本紀世系中諸王尚無以干支命名的。白害盉銘：「白害乍□白父辛寶障彝」（三代一四・九・七、八），是害乃召伯辛之子。又匽侯旨鼎銘：「匽侯旨乍父辛障」（三代三・八・五），則匽侯旨與害為兄弟矣。害曾受賞於旨，害鼎銘：「維九月旣生霸，辛酉，在匽，侯賜害金，揚侯休，用乍□白父辛寶障彝，害萬年子子孫孫寶光用。大保。」（錄遺、九四）旨稱匽侯，害為太保，或許旨是召公的長子，如燕世家索隱所說：「（召公）亦以元子就封，而次子留周室，代為召公。」但一說大保是族徽亦見於遣鼎、典鼎、大保宗室鼎（白川靜金文通釋八頁四二八—四二九），而且害自稱伯（白害盉）是侯伯之伯，疑為召公奭另一子，就封於傳說白害盉及害鼎所出土的梁山一帶（參見晏琬，「北京、遼寧出土銅器與周初的燕」，考古，一九七五、五、注一

四），留周為召公者或許又另一人。

首先提議懷疑召公奭與寚、旨非父子關係，而是兄弟行的當推日人貝塚茂樹，白川靜因襲其說。問題關鍵出在束卣（一曰奭卣），銘曰：「公賞束，用乍父辛于彝。」（三代十三・三十）貝塚釋束為奭，主要根據是郭沫若考釋乍册大方鼎「公束鑄武王成王異鼎」之公束為公奭，今按束、奭字形殊不類，郭氏只從音斷，其可疑一也。而乍册大方鼎初稱「公束」（一詞），俄而稱「公」（公賞乍册大白馬），共指一人而同文異稱，其可疑二也。細按原文，乍册大方鼎之束，上横水平形似湏（沬）司土逘𣪕「王來伐商邑」之「來」，原文作束，上横亦水平，乍册大方鼎之「公束」若釋作「公來」，文法非不通，是貝塚引郭說以釋束卣可疑之三也。何況束卣之束原文作朿，上方似箭頭，兩肩下垂，容庚金文編只收束卣之束（七・一四），他似並不將與乍册大方鼎混同。即使郭說不誤，貝塚引釋亦不免有張冠李戴之嫌，是貝塚說法可疑之四也。如果依照貝塚白川之論召公奭與寚、旨為兄弟，那麽那位銘文常見的「父辛」是誰，文獻無證，是可疑之五也。文獻上顯赫威風的召公奭被他們說成二、三流以下的人物，「公賞束」云云，束的地位等於小臣單（小臣單觶）、令（令彝、令𣪕）、䰍（䰍卣）等，不但不合情理，也不合當時的情勢，是貝塚之說可疑之六（貝塚說見「殷末周初の東方經略に就いて」收入氏著中國古代史學の發展，一九六七，東京弘文堂書房，白川之說見氏著金文通釋八頁四二九—四三〇）。匽侯旨是西周初期的諸侯，衡諸史籍當是召公之子，故上舉諸器之銘文及寚卣、林𠃬卣、御正衛簋的父辛當指召公奭，他們都是他的兒子。

干支命名是文化問題，和族姓沒有必然的關係。據近人考訂，召族地望又遠在周人之東（依董作賓殷曆譜「帝辛日譜」召的地望比白川靜考訂的河內又偏東），他們或真為周之別支，久離關中，深染東方民族風習。卜辭所見，召族自武丁以來便與殷不和，如「𢦏貞，召其伐㞢壴」（乙、四五〇二），「㱿貞，召𢦏㞢壴」（乙、四六一五）。𢦏、㱿都是武丁時代的貞人，逮武王伐紂他們自然地與遠親聯合。不過這段歷史根據今日所見的史料似乎還不能做任何肯定的解答。

召族雖與殷人和戰不常，但商王總想利用召族扼阻「西土之人」東進。阻絕周人向東發展的還有諸戎。殷虛卜辭記載商王令多子族、諸侯及犬侯寇周，⑫竹書紀年載王季伐西落鬼戎、燕京之戎、余無之戎、始呼之戎、翳徒之戎。除燕京之戎外，周人似皆得勝⑬。大概文王之

---

⑫ 董作賓殷曆譜集錄寇周卜辭諸條：

癸未，令𣄰族寇周古王事（前編四・三二）。

貞，令多子族衆犬侯寇周古王□（同上，五・七，六・三〇）。

□，令旃從冨侯寇周（同上，七・三一）。

□，令多倂犬侯□周□王□（同上，六・五一）。

□，令周□倂□獲（同上，六・六三）。

貞，虫喜令從寇周（後編下三七）。

中弗戋周十二月（鐵，二六）。

令周侯今月亡囚（新，二七二）。

間引自許倬雲「周人的興起及周文化的基礎」（史語所集刊第三十八本）註四五。

⑬ 後漢書西羌傳注引竹書紀年：

武乙三十五年，周王季伐西落鬼戎，俘二十翟王。

太丁二年，周人伐燕京之戎，周師大敗。

太丁四年，周人伐余無之戎，克之。周王季命為殷牧師。

太丁七年，周人伐始呼之戎，克之。

十一年，周人伐翳徒之戎，捷其三大夫。

父季歷的時代已兼有雍州東部諸戎之地矣。近人考證鬼方居邑在涇渭下流，即秦地東偏；燕京戎即犬戎，似與西落鬼戎同出一族，居地不可詳考，當在晉疆；余無戎盤距太行南山沁涑之間，與燕京之戎一氣相承；始呼、翳徒尚在燕京迤北⑭。此說與周初大勢吻合。大抵周人東進之初，只能在晉土山地活動，無力下河內，窺伊雒。雖然殷帝武乙耀兵河渭爲周人所殺⑮，而後「文丁殺季歷」⑯，周人尚無力與殷商爭霸。逮文王之世，周人之擴張經營仍以關中爲主。文王伐密，伐崇，作豐邑。大雅皇矣云：「密人不恭，敢距大邦，侵阮徂共」，「依其在京，侵自阮疆，陟我高岡。」據推測，阮即邧，地近臨晉。阮共遐邇，密人沿涇水而下，生事地區皆在雍東一帶⑰。大雅文王有聲曰：「既伐于崇，作邑于豐。」周本紀曰：「伐崇侯虎而後作豐邑」。崇必去豐不遠⑱。經過文王的努力今日潼關以西大概都是周人的天下了。據春秋時代蹇叔說文王陵在崤山，（左傳僖三十二）或許伐紂之前周人勢力已稍出

---

⑭ 錢穆，「周初地理考」（燕京學報第十期）。收入許倬雲輯中國上古史論文選輯第一冊（台聯國風出版社，五十五年七月再版）。

⑮ 同上，王季篇。

⑯ 晉書束皙傳、北堂書鈔、史通疑古篇等引竹書紀年。

⑰ 錢穆，前文引沈欽韓曰：邧「在同州府東北」。

⑱ 周本紀正義：「崇國蓋在豐鎬之間」。又集解引徐廣曰：「豐在京兆鄠縣東，有靈臺。鎬在上林昆明北，有鎬池，去豐二十五里。皆在長安南數十里」。

潼關了。

但文王伐商之志未成，乃有武王載木主觀兵盟津之事。周人似在此時與召族聯合對付帝辛，伐紂之舉召公具有舉足輕重之勢，由後來的尚書召誥、洛誥、君奭、顧命等篇及金文資料可見其端倪。殷周之際召族的勢力尚在豫西，不是河南東部的匽⑲。周人猶居召族之西。孔子盛贊文王「三分天下有其二」（論語泰伯），只能就文德言，不可落實看。若勉強議論⑳，證諸成王時代的金文史料徒見其齟齬難符而已。中甗二：「王（成王）令中先省南國。」（中甗同）中甗又記白買父（郭沫若云卽白懋父）以中的族軍「入戍漢𠂤州」，鎮守漢水流域的叚和旊。寍鼎：「溓公令寍眔史旗曰：㠯師氏眔有嗣、遂或（後國）𢦏（哉，災也）伐腺。」員卣：「員從史旗伐會（鄶）。」近人考釋，鄶近新鄭，腺係豫州㉑。如果武王克殷以前周人勢力可能遠及「梁荊徐揚及豫之南部」，那麼周初傾全國之力經營東南便不可理解了㉒。至於庸、蜀、羌、髳、微、盧、彭、濮，固有地望之辯㉓，在周初只是爲對付

⑲ 我懷疑召族人之稱匽者或始於召公之子匽侯旨，這是東方殖民，封據於匽以後的事。今見銘文無稱召公奭爲匽侯的，如大保毁，作册大鼒；而小臣𧹞鼎：「召公□匽，休于小臣𧹞貝五朋。」殘泐之字疑當作「才」（在），似召公奭東巡至匽也。鼎銘引自陳夢家前書，葉七八。

⑳ 徐中舒，「殷周之際史蹟之檢討」（史語所集刊，第七本第二分，二十五年十二月）。

㉑ 郭沫若，兩周金文辭大系考釋（一九三四）。

㉒ 白川靜以爲史傳成康盛世措刑四十年，是後世的美化。金文資料所顯示的反而是克殷後不斷的武裝經營。說見氏著金文世界，葉七四。

㉓ 參見錢穆前文及徐中舒前文。

商王的一時聯盟，與治理區或勢力範圍不相干。

就當時全中國的情勢論，文王局限於雍州一隅，武王雖克殷，代紂而爲天下共主，並不能實有殷人之地，東方的商奄淮夷勢力依然强大，領域也比周人遼闊得多。於是乎武王憂心「天下未集」而思營雒邑以爲東進的基地。常時周人之大患在東南不在西北，宗周失之退縮閉塞，洛陽才是天下的樞紐。這是和漢唐局勢截然大異的。不幸武王遽然謝世，周公乃在這種情勢下負起繼絕存亡的重任，執政視事。武王亦見及此「虞意」，故以短命自責。逸周書載武王曰：「昔皇祖底于今，勖厥遺得顯義，告期付于朕身。肆若農服田，饑以望穫。予有不顯，朕卑（俾）皇祖，不得高位于上帝。」（度邑，下同）於是囑意周公旦繼位，承緒祖德顯義，接替他的環節以應乎無窮。故曰：「汝幼子庚（更也）厥心，庶乃來，班朕大環。兹于有虞意，乃懷厥妻子，德不可追于上，民亦不可答于下。朕不賓在高祖，維天不嘉，于降來省。汝其可瘳于兹，乃今我兄弟相後，我筮龜其何所，卽今用建庶建。」朱右曾釋：「不傳子而傳弟，故曰庶建。」得其實情。當時的局面也許只有「多材多藝」（金縢）的周公一人擔當得起，武王傳弟之意甚明，「叔旦恐，泣涕共（拱）手。」㉔

再者，成王的年歲也不太大。周本紀記載武王說「維天不饗殷，自發未生，於今六十年。」（逸周書度邑同）若路史發揮引的竹書紀年「王陟，年五十四」可信，據朱右曾考

㉔ 逸周書度邑篇朱右曾引惠棟曰：「王欲傳位于旦，故恐。」參本文註一〇七。

訂，「文王崩，武王年三十七即位，五年而生成王。」㉕這時成王不過十四歲。他本身似亦無甚才氣㉖，周公覩辜而「管叔及其羣弟乃流言於國，曰：公將不利於孺子。」新建立的周邦搖搖欲墜，連同族都反叛，何況以前的同盟，更不用說那些周之讐民了。天下未集的情況元老重臣似皆預見，難怪武王一病不起，「羣公懼」，馬上恭恭敬敬地占卜（金縢，周本紀）。危難當頭，周公以穩定新政府爲先，乃告二公曰：「我之弗辟，我無以告先王。」（金縢）二公，據魯世家說是「太公望、召公奭」。周公告訴姜、召二位氏族長兼元老重臣說：「如果我不出來稱王，新造邦一旦在風雨飄搖中摧毀，我即使有臉面見先王也無可交待了。」周公自「辟」，因爲成王誦不足承擔這箇亂局，尚書說得很清楚。後來還政時，周公告成王誦曰：「朕復子明辟。王如弗敢及天基命定命，予乃胤保，大相東土，其基作民明辟。」（洛誥）成王不能及天命，這和平管蔡前夕，周公對諸侯說成王「弗造哲，廸民康。矧曰其有能格，知天命」（大誥）相通。辟，當作國君解，典籍不乏例子；若釋作逃避之避，不但不明當時的情勢，簡直把周公描繪成一個倖倖然的小人了。或引魯世家「弗辟（正義，音避）而攝行政」，只攝政，不稱王。問題還是「自稱爲王則不爲臣」的意識在作怪。

㉕ 朱右曾，竹書紀年存真（新興書局）葉二九。又參見徐復觀，周秦漢政治社會結構之研究，葉四三一—四三二。

㉖ 尚書多方篇，成王向殷遺及原來殷之同盟國家訓話，多襲周公語。可見他到底嫩弱。說見下文。

三　周公大相東土七年——平亂、侯衛、建都與遷成周

於是周公稱王，詔告天下諸君長及其執事曰：「天降割（害）于我家，不少延。」（大誥，下同）占了文王留傳下來以承繼天命的大寶龜，卜辭曰：「有大艱于西土，西土人亦不靜，越茲蠢。」災難包括本族的叛逆，殷小腆也乘機想重理舊業，號召復國，「反鄙（圖）我周邦」。新服的「庶邦君越（及）庶士、御事」大抵反對征討東方之變，因爲「艱大，民不靜；亦惟在王宮，邦君室。」統治階級分裂，民心沸騰動搖。至於武庚，「予小子考翼」，殷遺老心目中的「小子」武庚復國復仇，也算得上孝而敬了，舊屬殷王之諸邦必多同情他。從這三層考慮，這些諸侯認爲不可征，勸周公「王害（曷）不違卜？」然而周公出征之志絲毫不動搖。

周公對小子誦的處理是這樣的。

> 洪惟我幼沖人，嗣無疆大歷服。弗造哲，廸民康。矧曰其能有格，知天命？已，予惟小子，若涉淵水，于惟往求朕攸濟。敷賁，敷前人受命。玆不忘大功，予不敢閉於天降威用（大誥）。

局勢如此惡劣，「不卬自恤」的小子誦即使嗣位，不但缺乏足夠的智慧引導人民走上康樂之

路，更談不上知天命，使神靈來格來享。不得已，就像涉深水，我只好一人先渡過去。我要繼承前人所受的天命，施行美政，當仁不讓。我不敢拒絕天命。有些主戰的「邦君，越爾多士——尹氏、御事」也安慰周公說：「無毖（告）于恤，不可不成乃寧㉗考圖功。」整篇大誥就講的文王受命，周公矢志「前寧人圖功攸終」「前寧人攸受休畢」。然周公心中更有一番計畫，不僅止於前人創業，後人守成而已。譬如建屋，父親作室定出法度，兒子不拓建前堂的話，整箇屋頂怎麼蓋得起來？譬如種地，父親開墾了一年，兒子不肯播種，怎能有收穫㉘？文武二代的經營正如作室而未有堂構，菑田而未播穫，周公豈肯因東方叛亂而退縮？這是他念念不忘「敉寧王大命」「不敢不極卒寧王圖事」（大誥）之處。他對諸侯說：「若兄㉙考，乃有友（交）伐厥子，民（敃）養其勸弗救？」沒有做父親看到兒子挨打而不救的。「天休于寧（文）王，興我小邦周；寧王惟卜用，克綏受茲命。」（大誥，下同）周公用能「紹㉚天明（命）」的文王遺留的大寶龜占卜，「卜幷吉」。可見「天明畏，弼我丕丕

㉗ 吳大澂釋兮仲鐘「前文人」曰：前文人，見書文侯之命「追孝于前文人」，詩江漢「告於文人」，毛傳云：文人，文德之人也。書大誥「前寧人」皆當作前文人，古𡨦人字有與寧字相類者，漢儒誤釋為寧也（見氏著窓齋集古錄，涵芬樓影印）。第一册葉六。

㉘ 尚書大誥篇：「若考作室，旣厎法，厥子乃弗肯堂，矧肯構？厥父菑，厥子乃弗肯播，矧肯穫？」

㉙ 兄考當作皇考，屈萬里尚書釋義引于省吾說。無逸「無皇曰」及「則皇自敬德」兩皇字，漢石經皆作兄。

㉚ 尚書釋義引尚書故：「紹為卲之借字。說文：卲，卜問也」

基。」天命如此，何況文王與周公還是父子呢？必受父王在天之靈的護佑。周公乃以「友邦君、越尹氏、庶士、御事」東征，「于伐殷逋播臣」。那些友邦，今不得詳；但可以肯定的，成王誦未躬與此役㉛。據逸周書云，周公「作師旅臨衞政（征）殷」，去武王崩只有一年多而已㉜（作雒）。

若將平管、蔡、武庚與東征商奄淮夷混淆爲一，西周初期艱難締造新國家的曲折史實便永遠沈霾不顯。周人與東方民族的鬥爭靡費時日，從長遠的角度看，東征當指平定管蔡武庚之後，周民族對山東半島和淮水流域的陸續經營。但周公平亂在當時是一件大事，西人徂東，故豳風破斧亦稱「周公東征」。而且周公救亂克殷之後似亦踐奄，尚書大傳曰：「周公攝政，一年救亂，二年克殷，三年踐奄，四年建侯衞」與尚書多士篇周公在成周告殷士「昔朕來自奄」不悖。但這與周公致政後一連串的東征是兩件事。平亂主要克服殷畿和殷人勢力根深蒂固的地帶，不出豫東皖北。商奄淮夷自殷季以來爲中原之大敵，周公不可能在短短一年或數年之內大張撻伐以至於海隅。

㉛ 葉達雄前文謂成王「命令周公爲統率，率軍攻打武庚，自己另率一軍征伐管蔡。」（葉三三）黃彰健「四論」之文已辨其非。黃氏謂成王未親征，大誥係周公東征誓師之詞（大陸雜誌五四卷三期），誠然。

㉜ 作雒曰：「王旣歸，乃歲十二月崩鎬，肂于岐周。」又曰：「周公立，相夫子。……元年夏六月，葬武王于畢。二年，又作師旅，臨衞政殷。」

平亂與東征之事，史記各篇的記載頗爲駁雜，網羅異聞。魯世家云，周公以「一沐三捉髮，一飯三吐哺，起以待士，猶恐失天下之賢人」爲榜樣，告誡伯禽「子之魯，愼無以國驕人。」靡有戰國遊士之風，不盡可信。又曰：「管蔡武庚等果率淮夷而反，周公乃奉成王命，興師東伐，作大誥。遂誅管叔，殺武庚，放蔡叔，收殷餘民以封康叔於衞，封微子於宋以奉殷祀。寧淮夷東土，二年而畢定。」大誥是東伐管蔡武庚之詔誥，絲毫無「奉成王命」之迹；而二年定寧淮夷東土也與尙書大傳的三年抵觸。按，管蔡世家曰：「武王旣崩，成王少，周公旦專王室。管叔、蔡叔疑周公之爲不利於成王，乃挾武庚以作亂。」則主謀叛亂者乃管蔡，殷人只是配角而已。衞世家謂「傅相」武庚祿父㉝的管叔蔡叔疑「代成王治當國」的周公，「乃與武庚祿父作亂。」不及奄與淮夷。周本紀亦無「率淮夷而反」的記載，與尙書金縢篇同。所以平管蔡武庚是一事，踐奄附之；大事征伐東夷、商奄和楚伯又是一事。前者只周公一人擔當，後者在致政之後，任其役者有周公，有成王，也有召公與殷人，甚至延續到開國以後第二代將領，如白懋父、明公等，周金銘文斑斑可考。周公平定管蔡武庚之亂，手下的「友邦君越尹氏、庶士、御事」即使有東方氏族，諒是殷世之諸侯，非殷人嫡

㉝ 日人貝塚茂樹及白川靜分武庚、祿父爲二人。白川以武庚之亂與管蔡一起，而祿父之亂則與奄君薄姑有關。貝塚之說見氏著中國古代史學の發展「殷末周初の東方經略に就いて」章。白川之論見氏著稿本詩經研究「國風の地域性と詩篇の特質」章。

系。想周人不至於敢以殷遺民征討武庚。定亂後乃遷天邑商之民於成周，（尚書多士）日後東征便大大起用這批殷人。以殷人攻打東夷等異族毫不足爲奇，紂王豈非「克東夷而隕其身」㉞？近人董作賓作殷曆譜「帝辛日譜」，更足以說明殷商與夷人的交惡。周公確曾「來自奄」，但如果混淆克殷踐奄與征服東夷爲一事，不僅把周人與東方夷人的鬥爭歷史太簡化，把夷人的屈服看得太輕易，對周初繁夥的東征銘文也無法予以確切圓滿的解釋。

周公率領贊同他的友邦平定管蔡武庚之亂後，一件大事是瓜分武庚的殷遺民。分殷民六族「使之職事于魯」，再加上曲阜一帶原來的「商奄之民」，歸周公之子明保統治，頒佈訓誡之辭曰「伯禽」㉟。殷民七族隸屬周公之弟康叔，封於殷虛，有訓誡之辭曰「康誥」。又命微子啓代武庚，領部分殷遺以典承殷祀，是爲宋國。另外的殷人「遷居西爾」（尚書多士），定居伊洛，暫時由周公直接統轄。這批殷之遺民可能最桀傲難馴，非周公無以制馭，故有「殷頑」之稱。殷人四分，承奉宗廟的只居其一，這是周公的大手筆，與武王克紂只能監而不治者截然不同。

康叔年幼就擔當重任，周公乃諄諄告誡以治國之道，誡辭保留下來的是尚書中的康誥、

㉞ 左傳昭公十一年叔向語。

㉟ 左傳定公四年衛祝佗語。

酒誥和梓材三篇。殷人文化較之周人爲高，原來的社會組織雖再敗亦未解體，他們依然能發生大作用。遲至春秋時代，魯衞殷遺的後裔——「國人」皆擔任征戰防備之要務，也有參與政事的權力㊱。他們絕對沒遭受所謂亡國奴的悲慘命運㊲。尚書這三篇正能顯示這番意思來。或謂康誥乃武王封其弟封於康之誥，康是地名，非謚號。然而論者又承認康地難以確指，推測「與酒誥的妹邦或在同一範圍之內」㊳。如是，當係詩經鄘風桑中篇的沬之鄉，在淇水之上，正符合衞世家索隱「康、畿內國名」之詮釋。輔證以近年河南北部出土銘「康侯」二字的銅器如片、戉、矛、觶、罍及鬲；又乍册鼎亦有康侯，銘十四字；康侯鼎有康侯丰，銘六字。還有與康侯𣪘（卽濬司土逘𣪘）有關的濬白逘組銅器，二卣、一尊、一甗、一鼎，逘組銅器：一盉、一鼎、三爵、一盤。諸器出土地有三說，一以爲出衞輝府，卽今汲

㊱ 參見本書第二章

㊲ 胡適，「說儒」（胡適文存第四集卷一）以懦弱曲拘釋儒之原義，以治喪相禮爲儒之職業，而附益以亡國殷遺爲儒者之原始和主體。傅斯年在胡氏「作成豐偉之論文」後又益文補說，作「周東封與殷遺民」（同上附錄一）。他們共通的錯誤都把殷遺論定爲「中國文化之正統」「重心」，更大的錯誤又把殷遺說成當世的被壓迫者，故託力於玄遠之文化事業。這是對周初歷史的大誤解。

㊳ 陳夢家，西周銅器斷代（一），葉二六—二九。

㊴ 同上註。

縣，一以爲出濬縣，一以爲出輝縣固圍村：三地都在衞的範圍內㊴。足以有力說明康之地望。論者篤守蔡傳，以康誥之王爲武王㊵。殊忽略武王斷無能力封弟於殷京附近的史實。

按上文之論，武王雖敗紂，並無力量摧毀殷人在故國的勢力，只好「封商紂子祿父殷之遺民」，又感於「殷初定未集，乃使其弟管叔鮮、蔡叔度相祿父治殷」，（周本紀）然後「罷兵西歸」。周本紀、魯衞宋諸世家、左傳（僖二十四）、漢書地理志與尚書大傳皆只舉二監，不及霍叔，唯逸周書有「三監」之說（作雒），晉皇甫謐帝王世紀及僞古文尚書因之。崔東壁已辨駁明白㊶，而且逸周書謂「建管叔于東，建蔡叔、霍叔于殷，俾監殷臣。」殊悖當時情勢，可疑。武王敗紂，不能有其地，更不用說去監殷東之諸侯。管之地望據說在滎陽京縣北，今河南鄭州有管城；蔡卽上蔡，今河南新蔡縣卽故蔡城㊷。推武王設二監之意，管阻止殷畿直搗豫西伊洛之軍，蔡大概是防止大邑商（商邱）的殷人從漢水或其支流上溯入關中。二監只能在殷人勢力的外圍圍堵，不能監到殷的畿內去。何況管蔡旣爲監視殷人而封，如果康叔早在武王之世就能在殷都附近建國殖民，豈非監得更切實？但何以竟無康叔爲監之說？故宜從史記舊說：武王之世康叔少年未得封（管蔡世家），後來周公二度定殷，乃「以

㊵ 屈萬里，尚書釋義「康誥篇」。

㊶ 崔述「豐鎬考信錄卷之四」（崔東壁遺書第二集，河洛圖書出版社）葉一五—一七。

㊷ 參見日人瀧川資言，史記會注考證。又陳槃，春秋大事表列國爵姓及存滅表譔異。

武庚殷餘民封康叔為衞君，居河淇間故商墟。」（衞世家）也許駐紮之地曰康，司馬貞注衞世家才說「康、畿內國名。」鑄銘「康侯」的銅器之在衞地出土亦因康叔封在商墟之故。或謂武王初封其弟於康，後來康叔移徙於衞，舊號沿用未改，故衞地出土銅器仍用康侯之號㊸。然而「初封」的康地安在？舊說「故康城在洛州陽翟縣西北三十里」（衞世家正義）。康地故域容可再討論，但康叔治衞是千眞萬確之史實，治衞於周公二度克殷之後亦絲毫不可懷疑。不能因康地之未詳而疑康誥不指殷墟，也不能因肯定王卽武王而將康誥的年代提前。武王時代周人尙無力治殷衞，就康誥之岌岌重視殷遺看，非殷京畿之地不足以當。否則這篇命誥卽使非無的放矢，也失之張皇其辭。康誥中的「王」要康叔念念不忘的「今民（敃）將在祇遹乃文考，紹聞衣（殷）德言，往敷求于殷先哲王，用保乂民。汝應遠惟商耇成人，宅心知訓。」要康叔「陳時臬司，師茲殷罰有倫。」「罰蔽殷彝，用其義刑義殺。」又告誡他「我時其惟殷先哲王德，用康乂民作求（逑）。」再三再四，囑咐叮嚀康叔師殷人之法典，用殷人之義刑，尊禮殷之老成人，還要普求殷先哲王之德。試問捨「河淇間故商墟」之外，何地可求？若非周公平亂後的局勢，何時得當？而呼「孟侯，朕其弟小子封」的王自然非周公莫屬。周公戡定管蔡與武庚，羈留在東方（下詳），故誥辭曰：「乃寡兄勖，肆汝小子封，在茲東土。」話是在「這箇」東土說的，不在鎬京。

㊸ 參見程元敏「周公收未曾稱王考（下）」（孔孟學報，二十九期），尤其第十三節。

康誥係周公定殷命誥康叔之辭還可以從濬𤔲土逘𣪘得到輔證。銘曰：

王朿伐商邑，祉
令康侯啚于衛
濬𤔲土逘眔啚
乍氒（厥）考隮彝。䀠㊹

銘文末刻䀠係器者逘所屬氏族之標識，別器有「䀠逘乍氒考寶隮彝」（盤）可作佐證㊺。據考證逘之氏族是東方系部族㊻，故這位官拜濬（沬）司土的逘既非康叔之弟冉季載，也非檀

㊹ 于省吾，商周金文錄遺，一五七。
（科學出版社，一九五七）

㊺ 王承紹指出銘末之䀠是圖象文字（關於西周的社會性質問題，歷史研究，一九五五、一），日人增淵龍夫進一步肯定為逘所屬氏族之標識。說見氏著中國古代の社會を國家（東大出版社，一九六〇），葉三六一。下文別器即逘乍氒考盤，盤銘見嚴一萍編中國書譜，葉一〇四。

㊻ 三代金文存收羅䀠之諸器，屬周初者。
䀠逘鼎：䀠逘乍寶隮彝。（三·五·六）
䀠濬尊：䀠濬白逘乍氒（厥）考寶旅（?）隮彝（十一·三十一·一）。
䀠濬爵：䀠濬（十五·三十七、四·五、六）
而丫䀠乙罍（十三·四十八·八）和丫䀠鄉（十四·十七·六）則為標準的商器銘文。

伯達㊼，更無所謂名曰畐（圖）的康侯之人㊽。這是周王來伐商邑，封康叔于衞，起用東方氏族的迭任沬之司土之官，迭是康侯的僚屬，作𣪕紀念此事，以增榮其父。𣪕銘三人，文義非常清楚。渣同沬、或妹，卽衞也。迭輔佐康叔以治殷人，必定是尚書酒誥「殷獻臣」之一員。商邑似特指殷都而言，與商鄙不同。較早的書詩皆有商邑之稱，而與四方或殷國對文。如尚書酒誥：「辜在商邑，越殷國滅無罹。」立政：「其在商邑，用協于厥邑；其在四方，用丕式見德。」商頌殷武：「商邑翼翼，四方之極。」㊾征伐殷都之王除武王外便是周公，成王誦後來東征，卻不曾「來伐商邑」，故金文也只有「成王伐商圖（鄙）」，徃省東或（國）圖。」（宜侯夨𣪕）未有成王伐商邑之記載㊿。本器攻伐商邑之王當非周公莫屬，參證

㊼ 周法高「康侯𣪕考釋」將迭比定為冉季載，說見氏著金文零釋（中央研究院史語所專刊之三四，一九五一）。日人貝塚茂樹則謂係左傳成公十一年之檀伯達，見氏著「新出檀伯達器考」（東方學報，京都第八册）。

㊽ 釋畐為人名者如陳夢家（前書）、楊樹達「渣司土迭𣪕跋」關涉周代史實之彝銘五篇，歷史研究一九五四、二）及周法高（前文）。余友葉達雄亦力主此說。見「論徙封於衞者非康叔封」（大陸雜誌四十三卷四期）及近作「論康侯畐即康伯」（史原第七期，臺大歷史研究所）。釋畐為人名，本𣪕於文法頗齟齬。康侯畐後稱於渣司土迭，不當一也；畐與迭同為弟兄，而畐乃䀠族之人，不當二也，且周初諸器凡銘末記氏族標識者大抵是殷遺，周人恐無此例也。

㊾ 陳夢家，前引文，葉二七。

㊿ 參見黃彰健「四論周公受命攝政稱王問題」。

上論，益知其不謬也。

繼康誥治殷命辭之後有酒誥，是周公特別針對殷季靡風——酗酒而發的。殷人沈緬於酒似已成習，亡國前夕，微子向父師、少師訴說：「我祖底遂陳于上，我用沈酗于酒，用亂敗厥德于下。」父師等人也有同感，慨嘆「天毒降災荒殷邦，方興沈酗于酒。」（尚書微子）周初大盂鼎亦曰：「隹殷邊侯田雩殷正百辟，率肆于酉（酒）古（故）喪𠂤已(純祀)。」帝辛「惟婦言是用」（牧誓），至使「殷罔不小大，好草竊姦宄，卿士師師非度，凡有辜罪，乃罔恆獲。」（微子）然商紂自絕於天，鹿臺自燔，婦言也就不能用了；姦竊成風，民俗偷薄，乃至「攘竊神祇之犧牷牲，用以容，將食無災。」（微子）但變換新統治者，嚴肅法令，重整綱紀，振飭殷盛世的法令，「用其義刑義殺」，「凡民自得罪，寇攘姦宄，殺越人于貨，暋不畏死：罔弗憝。」（康誥）這些都容易辦，周人對盜竊嚴苛正符合大多數殷人的心意。惟獨酗酒之風，既非法律上的罪惡，也不會傷害別人的權益，但確實會「使民用大亂喪德」，終至於「越小大邦用喪，罔非酒惟辜。」所以纔特別有酒誥之誡，周公要康叔「尚克用文王敎，不腆於酒。」周人羣飲，「盡執拘以歸于周，予其殺。」商人「厥父母慶，自洗腆，致用酒。」再者能以飲食進獻於老成人及君長者也准予「飲食醉飽」（酒誥）。其實酒誥是康誥的延續，惟針對定殷後的特殊情況而發，故韓非子引酒誥之辭而謂之康誥（說林上(51)）。所以本篇既非武王誥辭（蔡沈傳），也非成王之語（書序）。衞世家曰：「周公旦懼康叔齒少，乃申告康叔曰云云，故謂之康誥、酒誥、梓材以命之。」酒誥之「王」舍周公之外，別無他人。而論者曲爲圓說，謂「周公以成王命誥康叔之辭」(52)，不但疊床架屋，也缺乏典據。今認淸康誥、酒誥原本一體，亦可反證康誥絕非封於「故域未詳」的康地之誥。至於本篇再稱「文王」「穆考文王」似皆兄弟談話的語氣：宣告命辭者非武王，因爲與當時大勢不合；非成王，成王尚無如此能耐，而且未提及武王。

酒誥顯示周公治殷的政策。讓「妹土」的殷人「嗣爾（康叔）股肱，純其藝黍稷，奔走事厥考厥長。肇牽車牛遠服賈，用孝養厥父母。」使那些「庶士有正越（及）庶伯君子」「玆乃允惟王正事之臣；玆亦惟天若元德，永不忘在王家。」這些不忘王家的衞地殷臣大概與歸順服從的成周殷遺一樣，可以「尚有爾土，尚寧幹止。」（多士）可以「宅爾宅，田爾田」（多方），享受遊獵特權，比之周之貴族。除最上層政治結構變更外，整箇社會組織和經濟制度沒有動搖。

---

(51) 說林云：「康誥曰：『毋彝酒』。」王先慎注曰：「今在酒誥中，揚子法言問神篇云：『昔之說書者序以百，而酒誥之篇俄空焉，今亡夫。』是漢時已無酒誥，而康誥亦有佚文，後人纂輯酒誥，並康誥佚句亦併錯入，當據此訂正。」余按，王氏之說聊備一格可也。

(52) 屈萬里，尚書釋義「酒誥篇」。

次篇梓材則申明酒誥「人無於水監，當於民監」之義，告誡康叔治理殷人宜戰戰兢兢，「無胥戕，無胥虐，至于敬寡，至于屬婦，合由以容。」不可肆虐傷害人民，連鰥寡、妾婦都須加以保護。同時要深惟承繼文王事功之重責，

> 若稽田，旣勤敷菑，惟其陳修，為厥疆畎。若作室家，旣勤垣墉，惟其塗塈茨。若作梓材，旣勤樸斲，惟其塗丹雘。

譬如耕作，前人墾田，後人要繼續整治，分疆界，理溝渠；譬如建屋，前人築了圍牆和室壁，後人宜塗飾牆壁，覆蓋茅草。又如治木，前人砍斫成形，後人要施丹防其腐朽。梓材不但與康誥、酒誥二篇一貫，與大誥「矧肯構」「矧肯穫」之取譬亦相同，因爲都出於周公一人之口。

周公平過亂在東方停留多久，駐居何處？史籍殘闕，說不一致。魯世家謂平管蔡，「二年而畢定，諸侯咸服宗周。」然而周公並未馬上返回豐鎬，唐叔獻禾，成王還命他「以餽周公於東土」（魯世家）。尚書雖曰：「周公居東二年，則罪人斯得。」並不意味在東方兩年而已。尚書接著說：「于後，公乃爲詩以貽王。」（金縢）「于後」多久，不得而知。或謂周公在東方停留三年，引豳風東山篇以證；或調和二年三年之說，以月計爲二年，以歲計爲

三年[53]。凡此諸說皆不中肯。東山詩述東征戰士思鄉詠懷，「自我不見，于今三年。」已三年未睹故鄉風物矣！何時何日回歸故鄉？詩未明言，何況三年之三也可能是多數之詞。鄙意周公在東方當有七年之久，而這七年正是他稱王的年數。自武王去世，管蔡流言，「我之弗辟，我無以告我先王。」（金縢）周公於是稱王以維繫新政府於不墜，帶兵東討管蔡武庚；這七年全國政治中心在潼關外。周本紀曰：「周公行政七年，周公反政成王。」第七年正是洛誥的「惟周公誕保文武受命，惟七年。」若說周公不稱王，則「誕保文武受命」及「予小子新命于三王（太王、王季、文王），惟永終於是圖」，頗難有圓通的解釋[54]。在這年歸政成王，周公纔宣佈：「今王卽命曰：記功，宗，以功作元祀。」[55]成王此時纔「卽命」，纔稱元年，也纔說：「公！明保予小子……惇宗將禮，稱秩元祀。」（尚書洛誥）至於魯世家的「成王七年二月乙未，王朝步自周至豐」云云，襲尚書召誥之篇首而益以「成王七年」，把所謂成王當稱王而未稱王的前七年算上去。召誥篇首記事在「七年」，不知有何典據？依淺見，召誥洛誥不同時，召誥之事發生在周公稱王之第五年。說下詳。

---

[53] 瀧川資言，史記會注考證「周本紀」。

[54] 參見黃彰健，「釋周公受命義」（大陸雜誌四十六卷五期），收入氏著經學理學文存。

[55] 主張周公不稱王者解釋「以功作元祀」曰：「成王於是年，復改稱元年。」諒係推測之辭。參見屈萬里，尚書釋義「洛誥篇」。

這七年內，小子誦在宗周西土，周公旦居東方。東西乃對待之辭，周初的東方或東土大概指潼關以東，周人自稱「西土之人」（牧誓），管叔蔡叔雖鎮守東方，也稱「西土人」（大誥），而「有大艱于西土」（大誥），「越我一二邦以修我西土」（康誥），「乃穆考文王肇國在西土」（酒誥），皆指今陝西之地而言，周人心目中的東土範圍極廣，商墟是「東土」（康誥），魯豫一帶也稱東土（豳風東山、小雅大東），而伊雒之域對周人來說亦是東土，周公「卜澗水東，瀍水西，惟洛食」（洛誥）以築成周，卽康誥錯簡「周公初基，作新大邑于東國洛」之「東國」也[56]。

爲維繫新造邦，鎭撫異族，周公稱王於東方。七年之內，他與成王的關係似極不諧。成王年輕欠缺思慮，也眞的誤會周公篡奪他的王位。此中情節史書幾乎完全泯除痕迹。據魯世家：「東土以集，周公歸報成王，乃爲詩貽王，命之曰鴟鴞，王亦未敢訓公。」周本紀未言周公歸報，只說「周公行政七年，成王長，周公反政成王。」魯世家襲金縢篇而語略變，史

---

56 康誥篇首四十八字，蘇軾疑爲洛誥之脫簡，金履祥謂當在梓材篇首，陳櫟謂當在召誥「越七日甲子」之前，方苞謂當在多士篇首，毛奇齡謂與梓材「王曰封」至「戕敗人宥」七十四字互有脫簡，吳汝綸則以爲係大誥之末簡。屈萬里前書以爲「諸說紛紜，似皆未的。」惟灼然可信者，非康誥之文也。余以爲大體上方氏之論較真，「讀尙書記」：「其地其時實與多士篇應，而見士於周，義亦近焉。蓋五服之國各登其民治而貢士於周，故公因而告之。然大義無存焉，雖存而不論可也。」「蓋」云云以下，殊誤。參見方望溪先生全集（上海涵芬樓景印咸豐元年戴鈞衡刊本）卷一。

實亦沈晦。金縢曰：「周公居東二年，罪人斯得。于後，公乃爲詩以貽王，名之曰鴟鴞。王亦未敢誚公。」似貽詩成王在東方，不在西歸之後。而貽詩故事殊曲折幽隱，如果周公奉成王之命平管蔡，在外轉戰數年，勞苦功高，何以遭受成王之誤解？又何以周公必貽鴟鴞之詩以見志？詩曰：

迨天之未陰雨，徹彼桑土，綢繆牖戶。
今女下民，或敢侮予。（第二章）

予手拮据，予所捋荼，予所蓄租，
予口卒瘏：曰予未有室家。（第三章）

本詩適足以反映周公有家歸不得的苦悶心境。末章曰：「予羽譙譙，予尾翛翛。予室翹翹，風雨所漂搖。予維音曉曉。」幾有天崩地坼，五臟俱焚，唯求一箇歸宿之感。但成王根本不領會這番苦心。如果周公非因稱王而受誤解，何以「（成）王亦未敢誚公」？據金縢篇，周公叔侄復歸和好是天變促成的。「秋，大熟，未穫，天大雷電以風，禾盡偃，大木斯拔；邦人大恐。」成王誦與大臣盛服，王欲占卜問天，及開啓金縢之書，「乃得周公所自以爲功，代武王之說。」周公犧牲自我，爲國爲民之精神於是顯現無遺，感動成王。「王執書以泣」，追悔「昔公勤勞王家，惟予沖人弗及知。」「王出郊，天乃雨。」金縢語涉神奇，但不一定非事實。如果叔侄沒有一番誤解，成王爲什麼自責不知周公勤勞王家，以至於執金縢之書而泣？

金縢篇是後人追記前事的文字，檔案史料只「惟爾元孫某」云云一段。說者謂本篇文辭平易，不類西周初葉作品，疑西周末葉或春秋時之魯人，據傳說而爲之者(57)。但傳說必有所本，玆會觀尚書金縢和豳風鴟鴞，不難尋得西周初期宮廷紛爭的某些蛛絲馬迹，可以說明周公在東方羈留的另一緣由。鴟鴞「迨天之未陰雨」章與大誥周公毅然承擔國家安危之意相通，而「予未有室家」也許可以從居東之史實尋其本事。在外歲月不短，此東征士卒之所以思鄉詠歎也。豳風東山描寫東征戰士以戰車爲家，睡在車下，像蠶附於桑葉一般。久久不得西歸，想像故園「果贏之實，亦施于宇。伊威在室，蠨蛸在戶，町畽鹿場，熠燿宵行。」這種景象不但不覺得可怕，對異鄉遊子反而覺得親切，懷念不已。（「不可畏也，伊可懷也。」）妻子必在家裏哀歎，等待我回去。春日來臨，「倉庚于飛，熠燿其羽。」有位漂亮女子要出嫁，于歸人衆極其壯觀，「皇駁其馬」「九十其儀」。我能娶伊嗎？「其新孔嘉，其舊如之何？」——啊，不要再做白日夢了，現實的自己依然「敦彼獨宿，亦在車下。」

周公在東方的前三年忙於救亂，克商奄，兵馬倥傯，大概居無定所，與士卒之車下獨宿

(57) 屈萬里，尚書釋義「金縢篇」。

相去不遠。第四年後的駐居之地，我疑心在洛陽附近的王城。周代相對於宗周鎬京的東都有兩處：王城和成周，漢以前的儒者尚能清楚地分辨。漢書地理志河南郡條自注：

> 雒陽：周公遷殷民，是為成周。春秋昭公三十二年（西元前五一〇年）(58)晉合諸侯于狄泉，以其地大成周之城，居敬王。
>
> 河南：故郟鄏地。周武王遷九鼎，周公致太平，營以為都，是為王城，至平王居之。

因爲西周政治首都依然在鎬京，大都的成周又因尚書明文備載而顯，原來「周公致太平，營以爲都」的王城反而易爲後人所忽略，但漢人清楚，周人自己更清楚，所以平王乃「遷郟鄏」（左昭二十六），仍居周公之故都。逮周敬王之世，西元前五一九年，王子朝政變，周王避「居于狄泉」（春秋經昭公二十三年），九年之後晉會諸侯「城成周」（春秋經昭公三十二年），以居敬王。周室政治中心纔從王城遷到成周，計王城在東周前期爲首府者達二百六十年（西元前七七〇年—五一〇年）。這是「故天子之國，多名器重寶」（周本紀）的地方。西周初期王城單稱曰「王」。御正衞毀銘曰：

---

(58) 漢書原作「昭公二十一年」，依春秋校正。

五月初吉，甲申，
懋父賞御正衛
馬匹，自王。用乍
父戊寶尊彝59。

又令方彝銘曰：

隹八月，辰才甲申，王令周公子明
保尹事四方，受卿事寮。丁亥，
令夨告于周公宮，公令造同卿
事寮〻隹十月月吉癸未，明公朝
至于成周，造令：舍三事令眔卿事
寮、眔者（諸）尹、眔里君、眔百工、眔者（諸）侯——侯、田、男；舍四方令。
既咸令，甲申，明公用牲。

---

59 三代吉金文存，六・四九・六。

于京宮，乙酉用牲于康宮。咸旣用牲于王，明公歸自王。……(60)

「自王」「用牲于王」和「歸自王」近人釋爲地名，卽王城(61)，誠然。漢河南縣故城的王城西去成周不過三十里。水經洛水條曰：

又東北過河縣南。

又東過洛陽縣西，伊水從西來注之。

注云：洛陽，周公所營洛邑也，故洛誥曰，我卜瀍水東，亦惟洛食。水經澗水注曰：「又按河南有離山水，謂之爲澗水。水西北出離山，東南流，歷郟山於穀城東而南流注於穀，舊與穀水亂流，南入於洛。今穀水東入千金渠，澗水與之俱東入洛矣。或以是水並爲周公之所相卜也。」因爲河南縣的王城在西，成周在東，故公羊傳曰：「王城者何？西周也。」（昭二

(60) 三代吉金文府，六・五七・一。
(61) 唐蘭之說。間引自陳夢家前書，葉七五。

十二）「成周者何？東周也。」（昭二十六）[62]一九五四年春勘察過漢河南縣城故址，發掘範圍遇到仰韶、殷、西周、東周及兩漢的文化堆積、居住遺跡和墓葬。濱臨澗河東岸爲仰韶和殷代文化遺存之所在[63]。據報告殷代遺物和鄭州二里岡一期的殷文化層相近，年代早於安陽小屯。澗河東岸也有龍山文化的積堆，這些發現表明從新石器時代起，澗河兩岸就開始了人類的歷史活動[64]。我疑心周公居東便在這箇有悠久歷史的澗水東岸的王城。曾「卜澗水東」準備營建新邑，不吉，「惟洛食」。營建的成周當時通稱「新邑」，與王城有別。

本文第二節證明營建成周是武王的計畫，可惜壯志未酬，留待周公執行和完成。這座處於三塗、嶽鄙、有河和雒伊之間的大城，據說「城方千七百二十丈，郛方七十里，南繫于雒

---

[62] 西周東周的問題趙翼講得最清楚。他說：「武王定鼎於郟鄏，周公營以爲都，是爲王城，則河南也；周公又營下都，以遷殷頑民，是爲成周，則洛陽也。平王東遷，定都於王城，其時所謂西周者豐鎬也，東周者王城也。及王子朝之亂，敬王徙都成周，……是王城爲西周，而成周爲東周矣。及考王封其弟揭於王城，是爲河南桓公，桓公之孫惠公又自封其少子班於鞏，號曰東周，則此東周又自西周之王城分出，而幷非敬王所都之成周矣。分封於鞏者曰東周，而河南惠公本在王城，則仍西周之號，此東周、西周皆在河南，而周王之都於成周自若也。戰國所謂周王者都於成周之王也，所謂東周君、西周君者則河南之都於王城及分封於鞏者也。」陔餘叢考（台北，華世出版社）卷十六，葉三。

[63] 中國科學院考古研究所，洛陽中州路，科學出版社（一九五九），葉三—四。

[64] 安志敏等，「一九五四秋季洛陽西郊發掘簡報」，考古通訊，一九五五、五。

水，北因于郟山，以爲天下之大湊。」（逸周書作雒）營建成周在當時是一件大事，故當時文獻皆欣然以「新邑」名之，見之於尚書的康誥、召誥、洛誥、多士和多方諸篇，周金銘文亦然。臣卿鼎曰：

> 公違省自東，
> 才（在）新邑。臣卿易金，
> 用乍父乙寶彝[65]。

士卿尊曰：

> 丁巳、王才（在）新邑，初
> □，王易嗷士
> 卿貝朋，用乍
> 父戊隮彝。子黑[66]

---

[65] 三代，三・四・一。

[66] 善齋吉金錄，一三一。

新邑營建的過程據召誥篇首記事可排定其日曆如下：

二月廿一乙未　成王自周至豐。
三月初三丙午　月牙現（朏）。
　初五戊申　召公至于洛，卜宅，旣得卜，則經營。
　初七庚戌　召公以庶殷攻位于洛汭。
十一甲寅　位成。
十二乙卯　周公至于洛，視察新邑的經營。
十四丁巳　以二牛祭天。
十五戊午　以一牛、一羊、一豕祭新邑之社。
廿一甲子　周公用書命庶殷。

召誥有月日無年，魯世家作「成王七年」不知有何典據。但近年出土之𣪘尊頗能解決這箇難題。尊文曰：

隹王初䙴（遷）宅于成周，復亩（稟）

珷王豐（禮），褔（福）自天，才三（四）月丙戌，
王𢍉（誥）宗小子于京室曰：「昔才（在）
爾考公氏克逨玟王，緯（肆）玟
王受茲〔大令〕。隹珷王旣克大
邑商，則廷告于天，曰：『余其
宅茲中或（國），自之（茲）辥（乂）民。』烏
虖！爾有唯小子亡識（識），䙷（視）于
公氏，有䔲（勞）于天，鬲攴（徹）令苟（敬）
亯𢦏！」叀（唯）王龏（恭）德谷（裕）天，順（訓）我
不每（敏）。王咸𢍉，何易貝卅朋，用乍
□公寶隮彝。隹王五祀⑰。

按召誥的月日干支推算，四月有丙戌，在十三日。衡諸銘文「王初遷宅於成周」與召誥之情

⑰ 依唐蘭隸定訓讀，「何尊銘文解釋」。文物，一九七六年第一期。

況吻合，當可確定二者同屬一年的事體。(68)則召誥繫年當作「王五祀」，這樣與二年後周公還政成王的十二月有戊辰（洛誥）亦吻合無間。故𣄰尊宅于成周的王是周公，不是成王。(69)周

(68) 一、假設二月廿一乙未，三月初三丙午，……四月十三丙戌，這種情況要在(1)十一年前或十一年後才有重現之可能（假設「隹王五祀」當年及第二年是閏年，閏月置於十三月，下同），(2)或前、後第六年有重現之可能（設第三年是閏年）。

二、按照召誥之月日干支而求四月之有丙戌者：(1)召誥後二年四月一日是丙戌（設召誥當年是閏年），後四年四月十九日是丙戌（設召誥後第一、第二年是閏年）。(2)若往前推算，召誥前六年四月七日是丙戌（設召誥當年及第二年為閏年），前八年四月廿五是丙戌（設召誥前一年是閏年）。

各種假設似皆不如假設召誥與𣄰尊發生於同一年，即「王五祀」，為合理。

(69) 假定召誥和𣄰尊同指周公稱王第五年，依其紀日干支當在該年三月二十五日有戊辰。則第七年十二月之有戊辰的日子者有下列三種可能：(1)若周公第四年閏年（置閏於十三月，參見本注後按），則第七年當係閏年，閏十二月二十日有戊辰。但洛誥只作「在十有二月」，無閏月之說，故不能從。(2)若周公第五年置閏，則第七年十二月十八日是戊辰。(3)若第六年置閏，次年的十二月也有戊辰的日子。但召誥「惟二月既望，越六日乙未」，鄭康成曰，是時周公居攝五年，二月三日當為一月二月。孫星衍曰：鄭注見周禮大司徒疏、詩文王疏（見孫星衍，尚書今古文注疏）。依鄭注，第一種情況的周公稱王第七年十二月當有戊辰。依此推論我們把召誥，𣄰尊及士卿尊安排在第五年，洛誥在第七年，曆法上是沒有矛盾的。何況「王初遷宅于成周」的「遷」，原銘作䙴，唐蘭釋作「遷」；馬承原釋作「鄷」指堆土造城（「何尊銘文初釋」文物，一九七六，一）；張政烺說「鄷宅當即尚書中召誥、洛誥的相宅。」（「何尊銘文解釋補遺」，文物一九七六、一）據馬、張二氏之考釋，𣄰尊的年代更與召誥前文記事有密切關係。有人根據魯世家云召誥作于成王七年，把𣄰尊定在第五年，召誥、洛誥同第七年，這樣䙴不論釋「遷」、釋「造成」或釋「相宅」都扞隔難通了。

按，西周初期金文的曆法有十三月，見中鼎（嘯堂一・一〇），趞尊（三代一一・三四・三），受尊（三代一一・三六・三），小臣静彝（攈古二・三・五八），資料間引自陳夢家，殷虛卜辭綜述，葉二二二。

人已代商而有天命，今王勉勵同宗小子要鑑於他們的父親之「克逨文王」而「有勞于天，徹命敬享。」宗小子似武王、周公輩的人，本銘之語氣似出自周公之口而非成王。此其一。其二，「武王遷九鼎，周公致太平，營（建河南）以為都」（漢書地理志），故周公乃從王城「初遷宅于成周」。若釋「王」作成王，不但不能說明遷宅之原委，後來「周王朝政治中心還在宗周」自然也不知其所以然了[70]。第三，假設周公稱王之第五年初來成周，三月十四日丁巳「周牲于郊，牛二」，當天，他「在新邑，初□」，「錫嗷士卿貝朋」。於是尚書召誥前引士卿尊或臣卿鼎亦得以互相印證。召誥無成王至成周之記事，則士卿尊之王是周公，當無疑義。最後，會通尚書與銘文，益可證明尚書大傳周公「五年營成周」之記載為不虛。周公稱王和營雒的歷史似可由文獻之闡釋與銘文之印證而大白於天下了。

四　周公還政與征伐東夷

雖說周公營建成周，其實他只是籌謀策畫；實際執行者是殷遺民，由召公領導，召誥所

[70] 唐蘭考釋曰：「王五祀即成王五年。成王確遷都於成周，他自稱成王，表王業已告成，把『新邑』改為『成周』。……周初銅器銘文經常講到周公，而此篇銘文記載如此大事，卻沒有提周公，那麼周公歸政以後，就由成王在周親自執政，而他回到豐邑，不久病死。所以成王親政五年時開始遷都，周公已死了。……當時確實已經把成周定為正式的國都，後來不知什麼原因，周王朝政治中心還在宗周。」（文物，一九七六、一）衡以本文之論，唐蘭的解釋不的。

謂「太保乃以庶殷攻位於洛汭」者也。今按，周公克殷踐奄之後遷天邑商之殷遺於洛邑，周公對殷遺民演說：「予惟時其遷居西爾……肆予敢求爾于天邑商。」又說：「多士！昔朕來自奄，予大降爾四國民命。我乃明致天罰，移爾遐逖；比事臣我宗，多遜。」（尚書多士）然而殷族的勢力健在，不容周人輕侮，殷頑難馴，也虧大才如周公者纔能懾服。周公稱王第五年三月廿一甲子「用書命庶殷——侯、甸、男、邦伯」（召誥），這篇誡辭經由史官記錄下來，竊疑卽尚書的多士篇。召誥單稱「用書」而無文，多士篇首曰：「惟三月，周公初于新邑洛，用告商王士。」當同指一事。經過周公一番恩威並用的訓誡，「庶殷丕作」，可見他們之心悅誠服，幾乎有點興奮了。

上論康誥三篇是周公對自家兄弟的講話，大意不外「惟命不于常」，宜時刻警惕，「勿用非謀非彝蔽時忱」的道理；而且「人無於水監，當於民監」，用商人善法統治商人，以保續文王所受的天命。天命雖不常，但可以人力保其恆常。惟對殷人的告誡則截然不類，雖同說天命，却强調天命的變。「非我小國改弋殷命，惟天不畀允罔固亂，弼我。」「我有周佑命，將天明威，致王罰，勑殷命終于帝。」（多士，下同）故周人取代殷命一如殷遺「先祖成湯革夏，俊民甸四方」，所以「凡四方小大邦喪」，不可有一句怨言（「罔非有辭于罰」），因爲這是「昊天大降喪予殷」之故。現在把你們從遙遠的天邑商遷徙來成周，「比事臣我宗」，得乖乖聽話，那麼「爾乃尙有爾土，爾乃尙寧幹止。」否則，「爾不啻不有爾土，予亦致天之罰于爾躬。」其意與周公告召公曰：「今汝永念，則有固命，厥亂（率）明我新造邦」（尚書君奭）亦相通。周人日後不斷東征，多起用東方系部族，周初金文比比可見，我將專文申論。

雖然，强悍的庶殷遷於成周還自稱「大邦殷」（召誥），在召伯率領之下向當時的王（周公）勸誡。有名的召誥當係召公對周公的誡辭(71)，然或稍晦澀，頗有斧鑿之痕，故易令人誤認爲「王」是成王。召誥之「王」指周公有幾點有力的證據。通篇是首尾照應，記事兼記言的文章。首記召公營洛，次記周公主持郊社祭典和書命庶殷，再記召公帶領庶殷對周公講話。講話之前，「太保乃以庶邦冢君，出取幣，乃復入，錫周公。」接著召公曰云云，最後召公拜手稽首曰：「予小臣敢以王之讐民、百君子、越（及）友民，保受王威命明德。王末有成命，王亦顯。我非敢勤，惟恭奉幣用供王，能祈天永命。」奉幣供王就是篇首的取幣錫周公。「以王之讐民」等人「保受王威命明德」者是諸侯之長的召公（毛詩國風序），亦卽本篇率領庶邦冢君的太保。在周召談話之中根本無成王在場，篇首的「王朝步自周，則至于豐」，並未言成王至洛。第二，若謂「王」指成王，則召公曰：「今沖子嗣則無遺壽耇」，便失之唐突。王可謙稱「予沖人」（金縢）「予小子」（洛誥）「予沖子」（洛誥）或「台小子」（湯誓），斷無臣下直指王說：「現在你小子卽位，不要遺棄老成人」之理。只有周公對成王直呼「汝惟沖子」（洛誥），但周公稱王，情形特殊。若設想召誥之言，一方召

(71) 召誥是召公話語，近人如錢穆（中國史學名著）和屈萬里（尚書釋義）皆做如是主張。

公，一方周公，則「今沖子嗣」之「沖子」正如大誥「洪惟我幼沖人」之「幼沖人」，小子誦一由周公對諸邦君長提起，一由召公對周公提到。惟其是周召對談，故有「有王雖小、元子哉」之贊，若成王在場，殊不得體。本篇「王來紹上帝，自服于土中（中土）。」與𣄰尊「唯武王既克大邑商，則廷告予天，曰：『余其宅茲中國，自茲乂民』」頗似應合。本文推斷營建新邑是武王的計畫，未成而崩，周公承兄長遺志，完成新邑之功。故「王」當指周公，「來紹上帝」亦卽丁巳日之「周牲于郊」也。不過本篇「旦曰：其作大邑」云云，「旦曰」二字是疑難之尤，本文不敢强解。

周公稱王之第五年二月下旬小子誦離開宗周，告廟於豐，似準備東來伊雒，但踟躕未果行。三月中旬以前，召公營洛邑。洛邑既成，武王臨終前計議的一件大事有了著落，周公已準備辭去王位。可能在周公「用書命庶殷」不久，卽該月下旬，召公率庶殷奉幣，似亦頗有惜別之意焉。所以最後纔說：「王末有成命，王亦顯。」你雖志有未竟之憾，但你的事功亦極顯赫矣；我們不是來獻殷勤（「我非敢勤」），奉幣供王，爲你向上天祈禱百歲長命（「祈天永命」）。周公欲還政，內心當無遺憾，但在召公心目中或許有點遺憾，至少怕老友遺憾故來相勸。於是安慰周公「今沖子嗣，則無遺壽耇。」小子誦是不會遺棄老人的，他曾說過「其稽我古人之德」，何況他還知道「其有能稽謀自天」呢！於是召公當著周公贊美成王誦「有王雖小，元子哉！」又說成王「其丕能諴（和也）于小民，今休。」成王克當一國之君，你再稱王下去，人民就要講閒話了。（「王不敢後，用顧畏于民碞。」）（以上召誥）

這些話大概就是君奭篇「小子（旦）同未（按，童昧也）在位，誕無我責」的「責」了。回憶當初，武王逝，天下流言，周公毅然稱王時很慷慨激昂地對姜太公和召公奭說：「我之弗辟，我無以告先王。」（金縢）出師平亂前夕，周公對諸侯說他稱王是不得已的，像涉深水，小孩子過不了，我自己先渡過去（大誥）。是時召公必也在場。而今管蔡武康之亂平定已久，召公出來替成王說話。他固然是當時的見證人，但有雄厚的氏族力量做後盾也是原因之一。

然而周公心地可以直對日月，尚書君奭篇足資佐證。書序曰：「召公爲保，周公爲師，相成王爲左右，召公不悅，周公作君奭。」召公何來不悅？不足採信。史記燕世家謂君奭之作乃「成王既幼，周公攝政，當國踐祚，召公疑之。」稍近情理，猶不肯切。竊以爲君奭篇是繼召公在成周對周公的講話（召誥）之後，周公對召公的表白。故開始周公若曰：「君奭！弗弔。」是針對召公的開場白：「皇天上帝改厥元子茲大國殷之命」（召誥）而安慰的話。召公或與周同姓，然族已疏遠，服事於商，後與周人合作，推翻紂王，雖位職顯赫，今而欲出面解決周王叔侄的糾紛，亦頗有司馬遷報任少卿之意焉，故有召誥與君奭篇首之一對一答。禮謙完畢，周公馬上表明心跡。「在今予小子旦，非克有正，迪惟前人光，施于我沖子。」我固無甚能耐，只承續前人之光而已（這也是回答召誥美贊之謙辭），而今我要傳給侄子誦了。如果怕人民閒話，請放心，你可作見證。（「君！肆其監于茲。」）「我受命無疆惟休，亦大惟艱。告君乃猷裕，我不以後人迷。」我是不會使後人有點疑心的。周公徵引殷先哲王的名臣：成湯有伊尹，太甲有保衡，太戊有伊陟、臣扈和巫咸，祖乙有巫賢，武丁則有甘盤——以至於周文王的賢臣，如虢叔、閎夭、散宜生、泰顚和南宮括者流，希望召公和他合作，以古德賢聖爲楷模，共同扶持「我新造邦」。譬若渡大川，「予往曁汝奭其濟。」要「咸成文王功于不怠」，勉哉！使遠至「海隅日出，罔不率俾（從）。」（君奭）周公心地就是這麼光明磊落，召公箇性就是這麼正直好善，兩人互相猜忌之說實無根據。

經過召公這番疏通，成王終於放心東行，準備接交政權。近人謂：「從稱謂中判斷周公、成王地位的變遷，可以洛誥作一箇分水嶺。」(72)因爲洛誥記周公還政之事，自此以後小子誦纔稱王。他來到成周，周公致政，拜手稽首曰：

朕復子明辟。王如弗敢及天基命定命，予乃胤保，大相東土，其基作民明辟（洛誥）。

還政第一句就交待他所以大相東土、作民之君的原因是成王不能受天命、定天命。王靜安釋「弗敢」爲「弗敢弗」(73)，將清楚的原意愈訓愈沈晦。成王弗敢及天命就是大誥的「弗造

---

(72) 徐復觀，前書，葉四四七。

(73) 王國維，「洛誥解」（觀堂集林，第一冊卷一）。

哲，迪民康，矧曰其有能格，知天命？」而「予乃胤保，大相東土」云云亦即大誥「若涉淵水，予惟往求朕攸濟」之明釋。此時成王剛即位，故洛誥下文曰：「孺子來相宅，其大惇典殷獻民，亂(率)爲四方新辟；作周，恭先。」非周公稱王，何來成王「新辟」之理(74)？政權交替之後，周公親自宣佈改元，使原在王城的百官皆往新邑助成王行祀禮，隸屬於成王(75)。但這年仍然沿用周公紀年「惟七年」，此時已年底十二月了（洛誥），去成周營建完工有二年又九箇月之久。周本紀以周公致政成王在召公營洛邑之前，不如魯世家先營洛邑後還政之得歷史眞象。

周公還政的具體表徵是獻他卜建的洛邑。成王對這位叔父兼國君是非常客氣的，接受所獻，曰：「公既定宅，伻來，來，視予卜休恒吉，我二人共貞；公其以予萬億年。」及舉行烝禮祭歲，祀文王、武王，「告周公其後」；王入太室祼，也「命周公後」（洛誥，下同）。在在看出新王對舊王的禮敬。周公宣佈改元，還政之後似有倦退歸隱之意，告誡成王之後，

---

(74) 如果周公未曾稱王，而成王誦自始即稱王，在洛誥中周公雖以叔父之尊當無開口「子明辟」「孺子其明，其往」，閉口「乃惟孺子頒，朕不暇聽。朕教汝于棐民彝」之理。王可自稱「小子」，一般臣屬斷不可能直呼王曰「孺子」也。

(75) 洛誥：周公曰：「……予齊百工，伻從王于周，予惟曰，庶有事。」又曰：「如予惟以在周工，往新邑。伻嚮即有僚，明作有功，惇大成裕，汝永有辭。」工，官也。

曰：「汝往，敬哉！茲予其明農哉！」(76)但成王再三再四挽留，望周公「明保」他，以公之「丕顯德」助他「楊文武烈，奉答天命，和恒四方民。」因爲只有周公「德明，光于上下，勤施于四方，旁作穆穆，迓衡（柄政也）不迷文武勤敎。」惟周公在朝輔政，成王纔不會迷失文王武王之道，故要求周公「監我士、師、工，誕保文武受民，亂爲四輔。」周公似推辭者三，最後成王肯定地挽留曰：「公定，予往已！」洛誥中周公對朝政的態度似與君奭篇不太一致，其實二者並不矛盾。召公是周公並肩克紂的戰友(77)，自然可以掏出心來交談，互勉共襄國是；但周公成王叔侄之間的誤會雖釋未消，以前成王對周公稱王的誤解如此之深，對召公說的話周公當說不出口，否則豈非眞的戀棧權位乎？故二篇形似相反而實相成。周公終於在成王盛邀之下答應再戮力王室，「以多子越御事，篤前人成烈，答其師；作周，孚先。考朕昭子（成王也）刑，乃單文祖德。」（洛誥）他還政後的歷史便是帥師「篤前人成烈」的歷史，亦即率領周人子弟及東人庶殷征伐東夷、商奄、淮夷和楚伯的歷史。

(76) 曾運乾，尚書正讀（中華書局，一九七二）卷五：「明，勉也。明農，言致仕也。……言予亦將退老明農哉。」葉二〇六，周公乞休亦參見清人牟庭的周公年表（聚學軒叢書，第四集）葉七下。

(77) 逸周書克殷篇記武王攻入殷都，「周公把大鉞，召公把小鉞，以夾王。」魯世家同，但周本紀「召公」作「畢公」。雖然，召公是克殷的一員大將絕不容置疑，克殷篇又曰：「（武）王入即位于社，太卒之左，羣臣畢從。……召公奭贊采……乃命召公釋箕子之囚。」朱右曾釋：「贊佐采幣，蓋攝冢宰。」

洛誥所記是還政儀式，立政篇纔是還政的具體內容，告誡成王執政的要領。魯世家曰：「成王在豐，天下已安，周之官政未次序，於是周公作周官；官別其宜，作立政，以便百姓。」然立政開篇周公對臣工百僚宣佈「嗣天子」卽王位（「告嗣天子王矣」），篇中或曰：「孺子王矣」，或曰：「孺子王矣！繼自今，文子文孫，其勿誤于庶獄、庶愼」，或曰：「今文子文孫、孺子王矣」，又曰：「繼自今，後王立政[78]。」從時態上看，當在洛邑政權交割典禮後不久，地點可能在洛邑。若成王受政西返，也可能在豐。太史公謂天下已安而作立政，次於周公去世之前。或引書序：「成王既黜殷命，滅淮夷，還歸在豐，作周官」以補註史記之不足[79]，恐係誤引。書序分別立政與周官，周公作立政，周官乃成王所作；史記亦分別二篇。而以「黜殷命，滅淮夷」爲說係誤解本篇末：「其克詰爾戎兵，以陟禹迹；方行天下，至于海表，罔有不服。」這話不外勉勵之意，與下文「以覲文王之耿光，以揚武王之大烈」無異。而且依周公意見，古王卽位，「籲俊尊上帝，迪知忱恂于九德之行」的「有室(士)」就「告敎厥后曰：『拜手稽首，后矣！』」宣佈稱王，然後告誡新君要「宅乃事，宅乃牧，宅乃準」，纔夠資格稱之曰「后」（以上立政）。周公效法古義，亦當在成王誦親

---

[78] 「後王」連讀，是一名詞。不能讀作「繼自今後」，因本篇另有二處作「繼自今」，無作「繼自今後」者。後王，指成王誦，則周公稱王又增一證矣。

[79] 瀧川資言，史記會注考證「魯世家」。

政不久便有立政篇之訓誡。

周公不但告誡成王「克知三有宅心，灼見三有俊心，以敬事上帝，立民長伯」，又把文武官守一一推薦給成王。立政所以立政府之百僚也：三卿是任人、準夫、牧，私臣護衛是虎賁、綴衣、趣馬、小尹，王廷諸僚有左右攜僕、百司庶府，地方官長有大都、小伯、藝人[80]、表（封）臣、百司，宗教祭司是太史、尹伯、庶常吉士，軍旅將官有司徒、司馬、司空、亞旅。還有附庸外族之長：夷、微、盧、烝、三亳、阪、尹。這些都是「常事司牧人」，自文王以下便幫周君治理國家的。周公再三提醒成王，「繼自今立政，其勿以憸人，其惟吉士，用勱相我國家。」又曰：「繼自今後王立政，其惟克用常人。所謂「吉士」「常人」也就是上列的官守，他們在周公爲天子時已執政，今而轉在成王朝廷服務。立政此義與洛誥記載周公使王城之有僚服役成王者相同。

本篇百僚官守雖是普通名詞，在當時似亦指專名。惟除太史兼司寇的蘇公外，今皆逸其名氏。蘇本中原古國，據西周末葉的太史史伯說，己姓之一，嘗滅於夏[81]。又據一百年後晉國的史官史蘇說，殷季紂王「伐有蘇，有蘇氏以妲己女焉。」（晉語一）學者推斷蘇是殷西

---

[80] 曾運乾曰：「藝人，蓋徵稅官也。左昭十三年傳，貢之無藝。家語，合諸侯而藝貢馬，注：藝分別貢獻之事。多方，越惟有胥伯小大多正，爾罔不克臬。臬亦藝也。」前書，葉二五二。

[81] 國語鄭語：「當周未有，己姓：昆吾、蘇、顧、溫、董；董姓：鬷夷、豢龍，則夏滅之矣。」

方的一支大族⑧②，殷周爭霸的過程中站在周的陣營。及周人「克商，使諸侯撫封，蘇忿生以溫爲司寇。」（左成十一）蘇公擔任司寇不在武王之世，就在周公稱王的時代，只有這二王才有「克商」之舉，今而又成爲王朝廷的太史兼司寇。周公告示他「式敬爾由獄，以長我王國。茲式有愼，以列用中罰。」（立政）蘇氏這族除自有領地外，世代在周廷任職，與周王、諸侯婚媾[83]。由蘇忿生之例，立政篇官守百僚，諒必箇箇都是世代大族，自有領地而在周王朝中又有職守。若衡以鄙論城邦時代政治社會之特質[84]，益知其不謬。周王名爲天下共

---

[82] 增淵龍夫，前書，葉三五二。

[83] 左傳隱公十一年：「王取鄔、劉、蔿、邘之田于鄭，而與鄭人蘇忿生之田：溫、原、絺、樊、隰郕、欑、茅、向、盟、州、陘、隤、懷。」則蘇氏之田似當不僅此十三邑而已。蘇氏之婚媾見諸金文者如：

穌公毁：「穌公乍王妃𦍩毁，永寶用。」

蘇氏女嫁于周王。

穌冶妊鼎：「穌冶妊乍虢妃魚母賸（媵）。」

穌冶妊乃妊姓女嫁于蘇者，而虢妃魚母則蘇女將嫁于虢，魚爲女名，蓋即冶妊之女也。

穌衛改鼎：「穌衛改乍旅鼎，其永用。」

蓋蘇女字于衛者。

金文訓釋見郭沫若著兩周金文辭大系考釋。又關於蘇國歷史可參見日人增淵龍夫前書，葉三四八——三五九。

[84] 參見本書第二、四章。

主，實與百僚共事；無百僚，則無王也。故本論以爲尚書立政是周公把他在位時的文武官守推薦給成王的記載，是還政具體內容的記錄。

至於無逸篇顯然亦是周公告誡成王之語。魯世家曰：周公「恐成王壯，治有所淫佚，乃……作毋逸。」近是。周公引殷周聖王「天命自度，治民祇懼，不敢荒寧」來勖勉成王；舉「殷王受（紂）之迷亂，酗于酒德」來警誡成王；提醒他不要「變亂先王之正刑」，不要像無知小民「侮厥父母曰：昔之人無聞知！」罵老年人落伍。對於人民的批評宜時時反省，自問是否如人民之所怨所詈，不可罰無罪，不可殺無辜[85]。據篇中「繼自今嗣王，則其無淫于觀」云云判斷，當去還政之日不遠。而且只有在還政時告誡纔比較合理，否則，除非成王有大過是不適時宜的。或以述周王不及武王而疑本篇是「周公進戒武王之辭」[86]，誤。依周公命意，忘己爲公的聖王皆克享長壽，殷王中宗享國七十有五年，高宗五十有九，祖甲三十有三，祖甲以後，「立王生則逸，不知稼穡之艱難，不聞小人之勞，惟耽樂之從。」故他們因而「亦罔或克壽：或十年，或七八年，或五六年，或四三年。」周則「文王卑服，即康功田功……懷保小民，惠鮮鰥寡。」從清早到日中昃，處理政務，不遑暇食，不敢迷於遊獵，

---

85 原文作：厥或告之曰：「小人怨汝詈汝」。則皇自敬德。厥衍，曰：「朕之衍，允若時。」不啻不敢含怒。……亂罰無罪，殺無辜。

86 屈萬里，前書「無逸篇」。

於是「享國五十年」。不提武王，因他享國短暫，繼位十一年代紂，二年而崩，宜乎周公之避諱也。

本論分別「平亂」與「東征」(87)，非斤斤於名詞之爭，唯强調周人征服東方夷人的過程曠費時日而且艱苦卓絕。周公平定管蔡武康以後亦嘗巡視殷人之東服，懾馴借機而起的商奄部族，故在成周告庶殷曰：「昔朕來自奄」（多士）。尚書大傳之「三年踐奄」，韓非子之「周公旦已勝殷，將攻商蓋（奄）」（說林上）或卽指此；但大規模之東征當在致政成王之後，周公躬與數役，實踐他對召公奭互勉的願望：「篤棐時二人，我式克至于今日休。我咸成文王功于不怠，丕冒（勉）；海隅日出，罔不率俾（從）。」（君奭）

周金之明記周公東征者，如小臣單觶銘曰：

王後取克商，
才成𠂤。周公易
小臣單貝十朋，用
乍寶隮彝(88)。

(87) 參見本文第三節。
(88) 三代吉金文存一四・五五・五。

此蓋成王時器[89]，或云臤卽坂字，假爲反，若叛[90]。克商，克商鄙也，亦卽征東國。此觶似記周人征克東方的商民族，同軍成師。此役周公率軍東征。䰞方鼎銘曰：

隹周公于征伐東
尸、豐白、尃古（薄姑）咸𢦏。公
歸䉼於周廟。戊
辰，酓（飲）秦酓，公賁䰞
貝百朋，用乍隣彝[91]。

豐伯亦見西周晚期的豐白車父𣪘，濟寧州金石志載楊石卿跋，謂「豐爲國，伯爵，車父字。」近人推斷此𣪘若出在濟寧，則古豐國在今曲阜之西南方[92]。薄姑、齊地，卽晏嬰所謂「昔爽鳩氏居之，季萴因之，有逢伯陵又因之，薄姑氏又因之，而後太公又因之」（左昭二十）之

[89] 暫從陳夢家說。見氏著前書，葉二四——二五。

[90] 郭沫若，前書，「小臣單觶」考釋。

[91] 吳其昌，金文曆朔疏證卷一、葉一〇（商務印書館，二十五年十二月）。

[92] 陳夢家，前書，葉三二。

地。這次周公東征勢及魯西平原地帶，還沒有力量征服泰山山地及其以東的民族。但他征服的豐國則爲後來周人東進的一箇前哨據點。小臣宅毁曰：「周公才豐，令宅事白懋父。」按同公亦見於沈子它毁：「作怙于周公，宗陟二公，不敢不怙休同公。」(93)白懋父乃與周公子伯禽同輩的東征統率，與周公同時的同公在豐令其臣僚宅歸白懋父節制，此時豐已經周公的努力而聽命於周人了。又禽毁銘曰：

> 王伐禁侯，周公某（謀），禽祝，禽又臤祝；王易金百寽，禽用乍寶彝(94)。

禁，近人或釋作蓋，卽奄也(95)，不必然。仍從舊釋作楚，在東方，我將有專文討論，益知周

(93) 小臣宅毁及沈子它毁二銘分別見於三代，六・五四・一，九・三八・一，陳夢家釋豊卽豐邑，近鎬京，（前書，葉六七）余不敢苟同。

(94) 三代，六・五〇・一。

(95) 陳夢家，前書，葉五九。陳曰：「蓋，卽墨子耕柱篇，韓非子說林上所述周公征伐之商蓋，左傳昭九作商奄，昭元作奄。奄・蓋皆訓覆而古音並同，所以吳世家吳公子蓋餘左傳昭廿七作掩餘。蓋侯卽孟子所謂的奄君。」

人對東方民族用兵絕非一朝一夕之功。此次征伐名義上成王領軍，實則周公父子策畫。岡刧尊銘：「王征禁，易岡刧貝朋。」96當與本𣪘同一事件。

西周初葉周人不斷向東方拓殖，當是周公的偉大事功；也只有他因「大相東土」七年的威望纔容易鎮服東方部族。詩豳風歌頌「周公東征，四國是皇」「四國是吪」「四國是遒」（破斧）。由於周公的征討，東方諸國乃得以匡正，得以歸化，得以消聲歛跡，服順周人。但匡正歸順的代價也的確不小，周人的兵器如斧斨錡銶者都打殺得破缺了。可見周人的勝利贏得非常艱難。此時周公必經常巡省於今日山東到豫西一帶，唯史料殘闕，莫能詳完，今存的周金史料只見於前引臣卿鼎銘的「公違省自東」97。至於周公在還政以後幾次東征，靠他個人的威望羈服多久，今頗難言之；推測至少當有五年。尚書多方篇記述某次東征回來，大會東土諸侯於宗周，成王對諸侯說：「今爾奔走臣我監五祀」，周公亦曰：「天惟五年須暇之子孫，誕作民主」，應當是周公致政後第五年的事。多方誥辭的對象是「四國多方」「殷侯尹民」，雖然也包括「殷多士」在內，但主要的是殷人為共主時的東方國家98。這些東方侯國早在成湯時代就臣服殷人，但現在你們的共主不能以你們來享受天命了99。「惟我周王，

---

96 引自陳夢家，前書，葉六〇，陳云：「此尊形制花文亦確屬成王時器。」

97 三代，三．四．一。

98 屈萬里以為多方誥辭「實對東土諸國而發，以其皆殷遺民也。」（尚書釋義「多方篇」）東土諸國是對的，殷遺民則非；多士篇聽訓的才是從天邑商來的殷遺民。多方、多士的聽衆不同，這點不可不區別。

靈承于旅，克堪用德，惟典神天。天惟式教我用休，簡畀殷命，尹爾多方。」（多方）而今我周人得天命，來統治你們這些東方氏族。周人在五年的大力東征以後纔能當他們的共主，一如周公定亂克殷後之擺佈天邑商的「殷遺多士」來威脅東人。周公警告他們，「今爾尚宅爾宅，畋爾田」但，

> 爾乃迪屢不靜，爾心未愛；爾乃不大宅天命，爾乃屑播天命；爾乃自作不典，圖忱于正。我惟時其教告之，我惟時其戰要囚之，至于再，至于三。乃有不用我降爾命，我乃其大罰殛之。非我有周秉德不康寧，乃惟爾自速辜（多方）。

成王亦出言恐嚇：「爾不克勤忱我命，爾亦則惟不克享，……爾乃惟逸惟頗（邪），大遠王命；則惟爾多方探（觸冒也）天之威，我則致天之罰，離逖爾土。」（多方）然而衆多的東方氏族不比少數的天邑商殷遺容易「離逖爾土」，周公告敎之，幽囚之，「至于再，至于三」，還準備「大罰殛之」。可見對付東方商奄淮夷部族比對付殷人還棘手。周公似不及身見東方之底定，從塱方鼎、禽毀到明公毀，周公似已去世矣。禽毀的伯禽

---

(99) 多方：「乃惟成湯，克以爾多方，簡代夏作民主。……今至于爾辟，弗克以爾多方享天之命。」

尙無「明公」或「明保」之號，協同其父參與戰事[100]。明公𣪘的時代伯禽就率領族軍了，𣪘銘曰：

> 唯王令明公
> 遣三族伐東
> 或（國）；才□，魯医又
> □工，用乍旅彝[101]。

內政方面伯禽也有一陣子執行周公在世時的職務。令方彝所謂「王令周公子明保尹三事、四方，受卿事寮。」[102]周公去世，東征責任除落在伯禽肩上外，更重要的是召公和白懋父等人。成王亦東征，宜侯夨𣪘：「成王伐商圖（鄙），遂省東或（國）圖」，寠鼎：「王令趞

---

[100] 伯禽為祝，祝史之宗教祭司是隨軍出戰的，直到春秋時代此習未泯。晉楚鄢陵大會戰，楚方先則召軍吏聚中軍而合謀，「虔卜於先君」，徹幕而誓，左右皆下而戰禱。不論占卜、宣誓或禱告無一不與祭司有關。同時晉公聽人獻議也要先「筮之。史曰：『占。其卦遇復，曰：南國蹙，射其元王中厥目。』」（左成十六）

[101] 三代，六．四九．一。

[102] 三代，六．五七．一。

戡（捷）東反尸」，趞尊：「隹十又三月，王才斥，易趞采曰𧻚」，䍙卣：「隹十又九年，王才斥，王姜令乍册䍙安尸白」，及中齋：「隹十又三月，王才寒師。」[103]似乎皆周公身後之事。然而小臣謎𣪕銘所述周人勢力

> 𠭯東尸大反，白懋父
> 吕殷八𠂤征東尸。隹
> 十又一月，遣自𠬝𠂤述（遂）
> 東，陎伐海眉。雩氒
> 復歸，才牧𠂤，白懋父承（承）
> 王令易𠂤，達征自五
> 齵貝。……。[104]

這時已到達海濱鹽鹵之地，周公「海隅日出，罔不率俾」的未竟之志終於完成。魯頌閟宮曰：「泰山巖巖，魯邦所詹（瞻）。奄有龜蒙，遂荒大東，至于海邦。淮夷來同，莫不率

---

[103] 諸銘參見郭沫若前書的考釋。

[104] 郭沫若，前書，「小臣謎𣪕」。

從，魯侯之功。」是指周公子孫輩的業蹟，他及身的功勞大概只魯西豫東所謂「小東」之地。但周人東進的基礎是周公奠定的，東進的策略也是周公籌畫的，故先秦士人論周之東征特別稱美周公而鮮及成王，孟子讚頌他「伐奄三年，討其君，驅飛廉於海隅而戮之，滅國者五十。」（滕文公下）呂氏春秋亦謂成王「命周公踐伐之（殷），商人服象，爲虐于東夷，周公遂以師逐之，至于江南。」（仲夏紀古樂）雖然不必是實錄，然周公對周人勢力東伸，貢獻之大，先秦士人是非常清楚的。

魯世家曰：「周公在豐，病將沒，曰：『必葬我成周，以明吾不敢離成王。』」似周公寢疾回到關中，當時周人一直對東方用兵，成王駐紮在成周，故有葬他成周的遺囑。好像他還念念不忘東征的事業，怕成王承擔不了，欲靈魂在成王的左右以襄助之。就文獻與金文推測，周公還政後五年（多方）至十九年（畏卣）病逝。若武王享年五十四[105]，周公稱王七年，而後又過五至十九年，則有六十五至八十歲。但周公非長弟，還政後十九年去世的上限亦嫌太遠，大概周公享壽在七十歲左右，也算得上長壽了[106]。照他的準則（無逸），是可以

[105] 路史發揮引竹書紀年。參見本文第二節及朱右曾，汲冢紀年存真，葉二九。

[106] 清人牟庭取應劭與金樓子之說，周公之壽九十九歲，編定周公年表推斷還政之年周公七十一歲，又曰：「其後二十八年……周公九十九歲，薨於成周。」顯然這二十八年是爲硬湊合應劭之說而設，缺乏典據，今不從，見氏著「周公年表」（聚學軒叢書第四集）。

擠身於殷周先哲王之列的；事實亦然，而且只有過之而無不及。

五　結語

基本上我們把周公當做一箇政治人看待——一位新興小邦的邦君之子，一位天下新共主之弟，一位爭霸戰中的饒勇將軍和戰略謀士，而不是千百年後談心談性的儒者。他自道「予仁若考，能多才多藝，能事鬼神。」（金縢）孔子論人也以周公爲準繩，如果一個人「驕且吝」，即使他有「周公之才之美」也「不足觀」的（論語泰伯）。可見周公的才和美終西周和春秋之世爲人所樂道。才指才藝；美指仁美，他既是一位「洵美且仁」「洵美且武」（鄭風叔于田）的武士；也是一位掌理祭祀的祭司兼知識者[107]。能事鬼神，多識往聖先哲的善行。故誡治衞之康叔「紹聞衣（殷）德言，往敷求于殷先哲王，用保乂民。」（康誥）熟閑殷周賢臣之典故（君奭），知殷商歷代諸王興亡的事蹟（無逸、立政），用來與朋友同僚共勉，用來告教新王。孔子自歎「久矣不復夢見周公」（論語述而），所重的還是在「之才之美」，不是後儒所謂的心性之學，否則他大可不必以身體精力衰弱得厲害（「甚矣！吾衰也。」）爲憾。

這樣的周公視後人辯其稱王或不稱王而不休止，未免好笑！何況他去帝王神聖化的時代尚遠，估不論先進的商人有弟及之制，就在他們小邦周，周公的祖父——季歷之繼承，以後

---

[107] 白川靜說：「周公一族在周王室掌理神職」。參見氏著金文の世界，葉四六。

世的觀點看便有問題，至少非後世嚴格的嫡長子制。因文王昌賢而太伯讓位季歷，對周公父祖之取得氏族領導權，只可備一說，不能排斥其他的假設，更不能斷定沒有後來周人粉飾之成分在內；而周公長兄伯邑考明明白白也不是因早世而不得立的[108]。這段背景因文獻不夠充足與不夠客觀，今已難言矣，但周公繼兄而稱王實則更迫於情勢，力挽隨時有覆亡危機的「新造邦」，此論已經本文詳細證明。

周公一手維繫新造邦於不墮，受親弟兄的毀謗，侄子的誤解，甚至人民間或閒言閒語，連老戰友心下亦頗不能釋然。這一切他都承擔，制服桀傲不馴的大邦殷遺，營建天下樞紐的雒邑，並向東方拓殖，征伐東方部族，奠定周代盛世的基石，厥功殊偉，對華夏民族文化之貢獻亦至大。向來論史忽略周王朝締造之艱難，不但周初有正面教育意義的史實因而沈晦，周公的事功人格亦不彰，以至於節外生枝，引發無窮的論辯。在營洛之後，一切政事漸上軌道，周人站穩腳步準備東進，開創歷史新頁時，周公斷然還政成王誦，繼續戮力王室，鞠躬

---

[108] 周本紀：「古公有長子曰太伯，次曰虞仲。太姜生少子季歷，季歷娶太任，皆賢婦人。生昌，有聖瑞。」會注考證引梁玉繩曰：「……如史記之文似王季與太伯別母，馬遷之言疏繆。……」所謂「疏繆」者可能是粉飾未盡之史蹟也。按：禮記云：「文王舍伯邑考而立武王」（檀弓上）這種繼承權非必嫡長子的「古之道」（同上）在周初依然行之不廢，論者庶幾不必為周公諱也。管蔡世家曰：「（武王）同母昆弟十人唯發、旦賢，左右輔文王。故文王舍伯邑考，而以發為太子。」文王、武王之立皆因傳賢之故，周公恐亦不例外。

盡瘁，死而後已。他眞是視天下若敝屣，而稱王的心迹也可懸之天壤之間了。欲從心性論周公，其偉大在此，不是硜硜然的「匹夫匹婦之爲諒。」

逸周書明堂篇曰：周公「君天下弭亂，六年而天下大治，乃會方國諸侯于宗周，大朝諸侯明堂之位。……制禮作樂，頒度量而天下大服。」此或尚書大傳「六年制禮作樂」[109]之所本。如何制，如何作，尚書無記，余不能言。但周公無疑是一位大政治家，對康叔、成王的誥誡，及對殷遺多士和東方侯國之羈服，皆目光遠大，氣局磅礴，而且手段高明。他在執政期間對立國規模亦有所建樹，唯徵信之史籍殘闕，難以伸明而已。無疑的，他是胸襟寬廣的領導者，論語傳述他對魯公伯禽的訓誡：「君子不施其親，不使大臣怨乎不以；故舊無大故，則不棄也。無求備於一人。」（微子）是眞正懂得因材器使的領袖人才。至於傳說他「一沐三捉髮，一飯三吐哺，起以待士，猶恐失天下之賢人。」（魯世家）或不必坐實。戰國以後關於他禮賢的種種傳聞[110]，大概不必可信。

據說成王臨崩，召集貴族重臣託孤，詳見尚書顧命篇。受詔者有「召太保奭、芮伯、彤伯、畢公、衛侯、毛公、師氏、虎臣、百尹、御事」，獨不見周公之族嗣。考周公逝後，其

---

⑩⑨ 通鑑外紀卷三引。

⑪⓪ 如韓詩外傳：「周公踐天子之位七年，布衣之士所贄而師者十人，所友見者十二人；窮巷白屋所先見者四十九人。時進善百人，教士千人，官朝者萬人。」（卷三）

族嗣在宗周和成周依然掌握大權，魯世家索隱曰：「周公元子就封於魯，次子留相王室，代爲周公。」成王時代之令方彝銘云：「王令周公子明保尹三事、四方，受卿事寮。」尚書序曰：「周公既歿，命君陳分正東郊成周，作君陳。」君陳篇今逸。上引禮器之「明保」或以爲卽周公次子君陳，非伯禽[111]，玆難論辨，但可肯定的，周公族嗣除遠在東方的魯公外，在西方的仍然是大族。成王託孤不召周公族嗣，豈其內心猶存芥蒂，對周公稱王七年不能釋懷，亦或他故？若然，則適足以見成王之鄙陋狹隘，不足以障周公之光明正大。成王本非大有爲之君，周初立國都因周公成事耳。這是周公事蹟的餘音，故附爲之記。

本文論周公，首明西周初期之史實，周公之事功與人格非徒託空言，史迹斑斑可考。因爲以經說史，自然牽涉到書序的斟辨。今按，「金縢」載錄周公禱祝之辭，通篇則傳述周公與成王誤解過節的始末。管蔡流言，協武庚作亂，周公準備征伐，召會諸侯，說明稱王東征之原委，乃有「大誥」之作。定亂之後封弟康叔於衛，告敎治殷之策，卽是「康誥」；特別針對扼阻殷季酗酒之頹風，乃諭以「酒誥」；又勉康叔兢兢業業，承續文王明德，用享萬年惟王，是爲「梓材」。周公班師王城，欲竟武王營雒之遺志，乃使召公率庶殷作成周，城成，周公用書命庶殷，告諭殷士奔走臣周，在洛邑尚有居處，保有其身，是爲「多士」。同時召公率庶邦冢君奉幣於周公，陳告殷亡之道，暗示周公還政給小子誦，是爲「召誥」。周

[111] 陳夢家，前書，葉七二。

公答復召公，欲繼承前人恭明之德以傳位於誦，並以戮力王室共勉，是爲「君奭」。而後成王東來洛邑，周公致政，擧行政權交接典禮，乃有「洛誥」記典禮之經過。周公推薦官守百僚於成王，是有「立政」，羅擧商周哲王告誡成王，毋耽淫佚，是有「無逸」。內政底定，周公輔佐成王東征商奄淮夷，五年而羈服東土君長於宗周，告敎他們以前之服於殷者今而服於周，否則必將大罰殛之，這篇誥辭就是「多方」。

金縢以下十二篇秩次井然，脈絡分明，是西周初期的第一等史料，也是周公傳記的珍貴資料。周書易之曰「周公之書」，似亦不爲過，若本文之論尚有一得之見，說史以明經，也不失爲經學史上的另一種嘗試。

附　注

辯周公稱王問題當涉及尚書文例，以不合本文體例，故附論於此。今按，「周公」與「王」的稱述同見於一文者。

（一）有後人追記事件之發展者，如金縢。其中之王先指武王，後指成王。

（二）有周公還政及其後之記事記言者，如洛誥記還政經過，王指成王；多方、立政之王指成王；無逸之嗣王亦指成王。

（三）其他大誥、康誥、酒誥、梓材與召誥之王皆指周公。唯召誥首段「王朝步自周，則至于豐」之王似指成王。

（四）「周公曰：『王若曰：云云』之例，王當指周公，其句首之「周公曰」三字乃後之史官所增飾，「王若曰云云」乃抄錄史記檔案。史官記錄與後人著述不同，當代之事則筆記實況，前代之事則抄錄檔案。此例可由左傳三正證之，日知錄已申明清楚（卷四「三正」條）。

（五）「王若曰」與「王曰」所含指的王不必有別。如洛誥「王若曰：公！明保予沖子」云云與「王曰：公功棐迪篤」「王曰：公！予小子其退即辟于周」云云，顯然同指成王。然則多士、康誥、大誥之「王若曰」與「王曰」同指一人明矣，一如君奭與立政之「周公若曰」與「公曰」同指一人也。

周代城邦

2023年5月三版
2023年12月三版二刷

定價：新臺幣550元

著　者　杜　正　勝

出版者　聯經出版事業股份有限公司
地址　新北市汐止區大同路一段369號1樓
叢書主編電話　(02)86925588轉5305
台北聯經書房　台北市新生南路三段94號
電話　(02)23620308
郵政劃撥帳戶第0100559-3號
郵撥電話　(02)23620308
印刷者　世和印製企業有限公司
總經銷　聯合發行股份有限公司
發行所　新北市新店區寶橋路235巷6弄6號2F
電話　(02)29178022

副總編輯　陳逸華
總編輯　涂豐恩
總經理　陳芝宇
社長　羅國俊
發行人　林載爵

行政院新聞局出版事業登記證局版臺業字第0130號

本書如有缺頁，破損，倒裝請寄回台北聯經書房更換。　ISBN 978-957-08-6920-0 (精裝)
聯經網址 http://www.linkingbooks.com.tw
電子信箱 e-mail:linking@udngroup.com

國家圖書館出版品預行編目資料

周代城邦 / 杜正勝著．三版．新北市．聯經．
2023.05．252面．14.8×21公分．
ISBN 978-957-08-6920-0（精裝）
[2023年12月三版二刷]

1. CST：周史

621.5　　112006548